AF591703

C. J. Fritzsch del: et Sculp:

MARGOT
LA
RAVAUDEUSE,

PAR MR. DE M**.

A HAMBOURG.

M. D. C. C. C.

VOICI enfin cette *Margot la Ravaudeuse*, dont le Général de la Pousse, * sollicité par le Corps des Catins & de leurs infames Supôts, voulut faire un crime d'Etat à son Auteur. Comme on ne l'accusoit pas moins que d'avoir attaqué dans cet Ouvrage, la Religion, le Gouvernement & le Souverain, il s'est dé-

* Le Lieutenant de Police.

terminé à le mettre au jour, craignant que ſon ſilence ne dépoſât contre lui, & qu'on ne le crût réellement coupable. Le Public jugera qui a tort ou raiſon.

MARGOT LA RAVAUDEUSE.

CE n'eſt point par vanité, encore moins par modeſtie, que j'expoſe au grand jour les rôles divers que j'ai joués pendant ma jeuneſſe. Mon principal but eſt de mortifier, s'il ſe peut, l'amour-propre de celles qui ont fait leur petite fortune par des voies ſemblables aux miennes, & de donner au Public un témoignage éclatant de ma reconnoiſſance, en avouant que je tiens tout ce que je poſſéde de ſes bienfaits & de ſa généroſité.

Je ſuis née dans la rue ſaint Paul, & c'eſt à l'union clandeſtine d'un honnête

Soldat aux Gardes & d'une Ravaudeuſe que je ſuis redevable de mon exiſtence. Ma mere, naturellement fainéante, m'inſtruiſit de bonne heure dans l'art de reſſertir & rapetaſſer proprement des chauſſes, afin de ſe débarraſſer le plutôt qu'il lui ſeroit poſſible du ſoin de la profeſſion ſur moi. J'avois atteint ma treiziéme année, lorſquelle crut pouvoir me céder ſon tonneau * & ſes pratiques, aux conditions pourtant de lui rendre chaque jour un compte exact de mon gain. Je répondis ſi parfaitement à ſes eſpérances, qu'en moins de rien je devins la perle des ravaudeuſes du quartier. Je ne bornois pas mes talens à la ſeule chauſſure, je ſavois auſſi très-bien raccommoder les vieilles culottes & y remettre des fonds ; mais ce qui ajoutoit à mon habileté, & me rendoit le plus recommandable, c'étoit une phiſionomie charmante dont la nature m'avoit gratifiée. Il n'y avoit perſonne des

* La plupart des raccommodeuſes de bas à Paris, ſont dans des tonneaux.

environs qui ne voulut être ravaudé de ma façon. Mon tonneau étoit le rendez-vous de tous les laquais de la rue St. Antoine. Ce fut en si bonne compagnie que je pris les premiéres teintures de la belle éducation & du savoir vivre, que j'ai beaucoup perfectionnés depuis, dans les différens états où je me suis trouvée. Ma Parentéle m'avoit transmis par le sang & par ses bons exemples un si grand panchant pour les plaisirs libidineux, que je mourois d'envie de marcher sur ses traces, & d'expérimenter les douceurs de la copulation. Mr. Tranche-montagne (c'étoit mon pere) ma mere & moi nous occupions au quatriéme étage, une seule chambre meublée de deux chaises de paille, de quelques plats de terre à moitié rompus, d'une vieille armoire, & d'un grand vilain grabat sans rideaux & sans impérial, où nous reposions tous trois.

A mesure que je grandissois, je dormois d'un sommeil plus interrompu, & devenois plus attentive aux actions de mes compagnons de couche. Quelquefois ils ſe trémouſſoient d'une maniére ſi vigoureuſe, que l'élaſticité du chalit me forçoit à ſuivre tous leurs mouvemens. Alors ils pouſſoient de gros ſoupirs en articulant à voix baſſe les mots les plus tendres que la paſſion leur ſuggérât. Cela me mettoit dans une agitation inſupportable. Un feu dévorant me conſumoit : j'étouffois ; j'étois hors de moi-même. J'aurois volontiers battu ma mere, tant je lui enviois les délices qu'elle goutoit. Que pouvois-je faire en pareille conjoncture, ſinon de recourir à la récréation des ſolitaires ? Heureuſe encore dans un beſoin auſſi preſſant de n'avoir pas la crampe au bout des doigts. Mais, helas ! en comparaiſon du réel & du ſolide, la pauvre reſſource ! & qu'on peut bien l'appeller un jeu d'enfant ! Je m'épuiſois, je m'énervois en vain ; je n'en étois que plus ardente, plus furieuſe. Je pâmois de rage, d'amour & de déſirs : j'avois en un mot, tous les

Dieux de Lampſaque dans le corps. Le joli tempérament pour une fille de quatorze ans ! mais, comme l'on dit, les bons chiens chaſſent de race.

Il eſt aiſé de juger qu'impatiente & tourmentée de l'éguillon de la chair, ainſi que je l'étois, je ſongeai ſérieuſement à faire choix de quelque bon ami, qui pût éteindre, ou du moins appaiſer la ſoif inſupportable qui me deſſéchoit.

Parmi la nombreuſe valetaille dont je recevois inceſſanment les hommages, un Palefrenier jeune, robuſte & bien découplé, me parut être digne de mes attentions. Il me trouſſa un compliment à la Palefréniére, & me jura qu'il n'étrilloit jamais ſes chevaux ſans ſonger à moi. A quoi je répondis que je ne rapetaſſois jamais une culotte, que l'image de Mr. Pierrot (c'étoit ſon nom) ne me trotât dans la cervelle. Nous nous dimes très-ſérieuſement une infinité d'autres gentilleſſes de ce genre, dont je ne me rappelle pas aſſez l'élégante tournure pour les repéter au Lecteur. Il ſuffit qu'il ſache que Pierrot & moi nous fumes bientôt d'accord, & que peu de jours après nous ſcellames notre liaiſon du grand ſceau de Cythére, dans un petit cabaret borgne vers la Rapée. Le lieu du ſacrifice étoit garni d'une table étayée de deux trétaux pourris, & d'une demi douzaine de chaiſes diſloquées. Les murs étoient remplis de quantité de ces hiéroglifes licencieux, que d'aimables débauchés en belle humeur crayonnent ordinairement avec du charbon. Notre feſtin répondoit au mieux à la ſimplicité du ſanctuaire. Une pinte de vin à huit ſols, pour deux de fromage, & autant de pain; le tout bien calculé, montoit à la ſomme de douze. Nous officiames néanmoins d'auſſi grand cœur, que ſi nous euſſions été à un louis par tête chez Duparc. * On ne doit pas en être ſurpris. Les mêts les plus groſ-

* Traiteur de l'Hôtel de Ville.

ſiers, aſſaiſonnés par l'amour, ſont toujours délicieux.

Enfin, nous en vinmes à la concluſion. L'embarras fut d'abord de nous arranger; car il n'étoit pas prudent de ſe fier ni à la table, ni aux chaiſes. Nous primes donc le parti de reſter debout. Pierrot me colla contre le mur. Ah! puiſſant Dieu des jardins! je fus effrayée à l'aſpect de ce qu'il me montra. Quelles ſecouſſes! quels aſſauts! la paroi ébranlée gémiſſoit ſous ſes prodigieux efforts. Je ſouffrois mort & paſſion. Cependant de mon côté je m'évertuois de toutes mes forces, ne voulant pas avoir à me reprocher que le pauvre garçon eût ſupporté ſeul la fatigue d'un travail ſi pénible. Quoiqu'il en ſoit, malgré notre patience & notre courage mutuels, nous n'avions fait encore que de bien médiocres progrès, & je commençois à déſeſpérer que nous puſſions couronner l'œuvre, lorſque Pierrot s'aviſa de mouiller de ſa ſalive la foudroyante machine. O nature! nature, que tes ſecrets ſont admirables! Le reduit des voluptés s'entr'ouvrit; il y pénétra: que dirai-je de plus? je fus bien & dûment déflorée. Depuis ce tems-là je dormis beaucoup mieux. Mille ſonges flatteurs préſidoient à mon repos. Monſieur & Madame Tranche-montagne avoient beau faire craquer le lit dans leurs joyeux ébats, je ne les entendois plus. Notre innocent commerce dura environ un an. J'adorois Pierrot, Pierrot m'adoroit. C'étoit un garçon parfait, auquel on ne pouvoit reprocher aucun vice, ſinon, qu'il étoit gueux, joueur & ivrogne. Or, comme entr'amis tous biens doivent être communs, & que le riche doit aſſiſter le pauvre, j'étois le plus ſouvent obligée de fournir à ſes dépenſes. On dit proverbialement, qu'un Palefrenier mangeroit ſon étrille, quand même il auroit affaire à la Reine. Celui-ci, tout au contraire, pour ménager la ſienne, me mangea mon fonds de boutique & mon tonneau. Il y avoit déja long-tems que ma mere s'appercevoit du dépériſſement de mes affaires, & qu'elle m'en faiſoit d'auſtéres reprimandes. La renommée lui apprit bientôt que j'avois mis le comble à mon dérangement. La bonne Maman diſſimula; mais un beau matin que je dormois d'un ſommeil létargique, elle s'arma de l'ame d'un balai neuf; & m'ayant traitreuſement paſſé la chemiſe pardeſſus la tête, elle me mit les feſſes tout en ſang avant que je puſſe me débarraſſer. Quelle humiliation pour une grande fille comme moi, de ſe voir ainſi flageller! J'en étois ſi outrée, que je réſolus ſur le champ de m'émanciper, & d'aller tenter fortune où je pourrois. L'eſprit plein de mon projet, je profitai de l'inſtant que ma mere étoit dehors : je me vêtis à la hâte de mes atours des Dimanches, & dis un éternel adieu au domicile de Madame Tranche-montagne. J'enfilai au hazard le chemin de la Grêve, & cotoyant la riviére juſqu'au Pont-Royal, j'entrai dans les Thuileries. Je fis d'abord presque le tour du Jardin sans songer à ce que je faisois. Enfin, un peu revenue de mes premiers transports, je m'assis sur la terrasse des Capucins. Il y avoit un demi quart d'heure que j'y rêvois au parti que je prendrois, lorsqu'une petite Dame, vêtue assez proprement, & d'un maintien décent, vint se mettre à côté de moi. Nous nous saluames réciproquement, & liames conversation par les lieux communs ordinaires de gens qui ont envie de jaser, quoiqu'ils n'aient rien à se dire. Ah! mon Dieu, Mademoiselle, ne sentez-vous pas qu'il fait bien chaud? Excessivement chaud, Madame. Heureusement il fait un peu d'air. Oui, Madame, il en fait un peu. Oh! Mademoiselle, que de monde il y aura demain à Saint-Cloud si ce tems-ci continue! Assurément, Madame, il y aura beaucoup de monde. Mais, Mademoiselle, plus je vous considére, & plus je crois vous connoître. N'ai-je point eu le plaiſir de vous voir en Bretagne? Non, Madame, je ne ſuis jamais ſortie de Paris. En vérité, Mademoiſelle, vous reſſemblez ſi parfaitement à une jeune perſonne que j'ai connue à Nantes, que l'on vous prendroit l'une pour l'autre. Au reſte, la reſſemblance ne vous fait aucun tort: c'eſt une des plus aimables filles qu'on puiſſe voir. Vous êtes bien obligeante, Madame, je ſais que je ne ſuis point aimable; & c'eſt un effet de votre bonté. Après tout, que me ſerviroit-il de l'être ? En prononçant ces derniers mots, il m'échappa un ſoupir, & je ne pus m'empêcher de laiſſer tomber quelques larmes. Eh! quoi, ma chere Enfant, me dit-elle d'un ton affectueux, en me preſſant la main, vous pleurez? qu'avez-vous donc qui vous chagrine? vous eſt-il arrivé quelque diſgrace? Parlez, ma petite Poule; ne craignez pas de m'ouvrir votre cœur: comptez entiérement ſur la tendreſſe du mien, & ſoyez sûre que je ſuis prête à vous ſervir en tout ce qui dépendra de moi. Allons, mon Ange, allons au bout de la terraſſe, nous déjeûnerons chez Madame La Croix. * Là, vous me ferez part du ſujet de votre affliction : peut-être vous ſerai-je plus utile que vous ne penſez. Je me fis d'autant moins prier, que j'étois encore à jeun; & je la ſuivis, ne doutant pas que le Ciel ne l'eut envoyée pour m'aider de ſes ſages conſeils, & m'arracher au danger de reſter ſur le pavé. Après m'être muni l'eſtomac de deux taſſes de caffé au lait & d'un couple de petits pains, je lui avouai ingénûment mon origine & ma profeſſion ; mais pour le reſte, je ne fus pas ſi ſincére. Je crus qu'il étoit plus prudent de mettre le tort du côté de ma mere que du mien. Je la peignis le plus à ſon deſavantage qu'il me fut poſſible, afin de juſtifier la réſolution que j'avois priſe de la quitter. Vierge Marie! s'écria cette chari-

* Elle tenoit le Caffé des Thuileries.

table Inconnue, quel meurtre c'eût été qu'une auſſi charmante Enfant que vous fût demeurée dans une condition ſi baſſe, expoſée toute l'année à l'air, ſouffrant le chaud, le froid, accroupie dans un demi tonneau, & condamnée à raccommoder les chauſſes de toute ſorte de peuple. Non, ma petite Reine, vous n'étiez pas faite pour un ſemblable métier : car il eſt inutile de vous le cacher ; quand on eſt belle, comme vous l'êtes, il n'eſt rien à quoi l'on ne puiſſe aſpirer : & je répondrois bien qu'avant peu, ſi vous étiez fille à vous laiſſer diriger.... Ah ! ma bonne Dame, m'écriai-je, parlez, que faut-il que je faſſe ? aidez-moi de vos avis : je me jette entre vos bras. Eh bien, reprit-elle, nous vivrons enſemble. J'ai quatre Penſionnaires, vous ferez la cinquiéme. Quoi ! Madame, répondis-je précipitanment, avez-vous déja oublié que, dans la miſére où je ſuis, il me ſeroit impoſſible de vous payer le premier ſou de ma penſion ? Que cela ne vous inquiéte point, repliqua-t'elle; tout ce que je vous demande à préſent, c'eſt de la docilité, & de vous laiſſer conduire : du reſte, je vous aſſocierai à un petit négoce que nous faiſons, & je me flatte, s'il plait à Dieu, qu'avant la fin du mois, vous ſerez non-ſeulement en état de me ſatisfaire, mais encore de fournir amplement à votre entretien. Peu s'en fallut que dans les tranſports de ma reconnoiſſance, je ne me jettaſſe à ſes pieds pour les arroſer de mes larmes. Il me tardoit d'être agrégée à cette bienheureuſe ſociété. Grace à ma bonne étoile, mon impatience ne dura guères. Midi ſonna, & nous ſortimes par la porte des Feuillants. Un vénérable fiacre qui ſe trouva là, nous reçut dans ſa noble voiture; & ayant gagné les boulevarts au grand petit trot de ſes modeſtes bêtes, nous conduiſit à une maiſon iſolée vis-à-vis la rue Montmartre.

Cela faiſoit une eſpéce d'hermitage entre cour & jardin, dont le coup d'œil agréable me prévint si favorablement pour les personnes qui l'habitoient, que je bénis *in petto* la maniére scandaleuse dont j'avois été éveillée le matin, puisqu'elle étoit l'occasion de ma bonne rencontre. Je fus introduite dans une sale basse, assez proprement meublée. Mes compagnes s'y rendirent bientôt. Leur ajustement coquet & galant, quoique négligé, leur air délibéré, l'assurance de leur maintien, m'interdit d'abord au point que je n'osois lever les yeux, & ne faisois que bégayer en voulant répondre à leurs civilités. Ma Bienfaitrice soupçonnant que la simplicité de mes habits pouvoit être la cause de mon embarras, me promit qu'elle me feroit incessanment changer de décoration, & que je ne ferois pas moins parée que ces Demoiselles. Je m'étois trouvée, en effet, fort humiliée de me voir couverte d'un petit chifon de grisette parmi des personnes qui faisoient leur deshabillé des plus belles étoffes des Indes & de France.

Mais une chose qui piquoit ma curiosité & ne m'inquiétoit pas peu, c'étoit de savoir la nature du négoce auquel j'allois être associée. Le luxe de mes compagnes m'étonnoit. Je ne concevois pas comment elles pouvoient soutenir de semblables dépenses. J'étois si bouchée, ou plutôt si neuve encore, qu'il ne me vint jamais en pensée de deviner ce qui tomboit de soi-même sous les sens. Cependant, tandis que je me creusois l'imagination à développer cette prétendue énigme, on servit le potage, & nous nous mimes à table. Quoique la chére ne fût pas mauvaise, l'appétit & la bonne humeur des convives y servit d'épices & en rehaussa les apprêts. Nous officiames toutes de maniére à faire perdre aux subalternes l'espérance de notre desserte. Aussi, de peur d'étouffer, nous avions de tems en tems la précaution de détremper les vivres. Tout alloit au mieux jusques-là. Mais deux de nos Demoiselles ayant outrepassé les bor-

nes

nes de la tempérance, & les fumées bachiques leur ayant tout-à-coup offusqué le chef, l'une aſſena ſur le mufle de la ſeconde un coup de poing, auquel celle-ci riposta d'un coup d'aſſiéte. Dans l'inſtant la table, les plats, les ragoûts & les ſauſſes furent éparpillées par terre. Voilà la guerre déclarée. Mes deux Héroïnes s'élancent l'une ſur l'autre avec une fureur égale. Mouchoirs de cou, eſcoffions, manchettes, tout en une minute, eſt en lambeaux. Alors la maîtreſſe s'étant avancée pour interpoſer ſon autorité, on lui colle par mégarde une apoſtrophe ſur l'œil. Comme elle ne s'attendoit pas à être careſſée de la ſorte, & que d'ailleurs ce n'étoit pas ſon défaut d'être endurante, il ne fut plus queſtion de paix. Elle donna ſur le champ des preuves de ſon ſavoir ſuprême dans l'art héroïque du Pugilat. Cependant les deux autres qui avoient gardé la neutralité juſqu'à ce moment, crurent ne devoir pas demeurer oiſives plus long-tems ; de façon que l'affaire s'engagea de plus belle & devint générale. Dès le commencement je m'étois retranchée toute tremblante dans un coin de la sale, d'où je ne branlai pas tant que dura le chamaillis. C'étoit un spectacle effrayant, & burlesque tout à la fois, de voir ces cinq créatures échevelées culbutant & roulant les unes sur les autres, se mordant, s'égratignant, jouant des pieds & des poings, vomissant toutes les horreurs imaginables, & montrant scandaleusement leur grosse & menue marchandise. La bataille n'avoit pas l'air de finir sitôt, si un Grison qui avoit vieilli sous le harnois, ne se fût avisé d'annoncer un Baron Allemand. On sait en quelle considération ces Messieurs-là, & sur-tout les Milords, sont auprès des filles du monde. Au seul mot de Baron, tout acte d'hostilité cesse. Les combattantes se séparent. Chacune raccommode à la hâte les débris de son ajustement. On s'essuie, on se frotte ; & ces phisionomies auparavant méconnoissables & hideuses à voir, reprennent à l'instant même leur douceur & leur sérénité naturelle. La maîtresse sort précipitanment pour amuser Mr. le Baron, & les Demoiselles volent à leur chambre, afin de se mettre en état de le recevoir d'une façon décente.

Le Lecteur plus éclairé que moi, a deviné il y a long-tems que je n'étois pas dans une maison des mieux réglées de Paris. Ainsi, sans le lui repéter, il saura seulement que notre Hôtesse étoit une des plus achalandées du métier & s'appelloit Madame Florence. Quand elle eût appris que Mr. le Baron n'avoit été annoncé que pour faire cesser les voies de fait, elle revint me trouver d'un air content & satisfait : ça, Mignonne, me dit-elle en me donnant un baiser sur le front, n'allez pas mal penser de nous au sujet du petit démêlé dont vous venez d'être témoin. Ce sont de petites vivacités qu'un rien occasionne & que la moindre chose appaiſe. On n'eſt pas toujours maître des premiers mouvemens. Et puis chacun eſt plus ou moins ſenſible; cela eſt naturel. Marchez ſur un ver, il ſe remuera. Au reſte, ſi vous connoiſſiez ces Demoiſelles, vous ſeriez charmée de la douceur de leur caractére : ce ſont les meilleurs cœurs du monde. Leur colére eſt un feu de paille auſſi-tôt éteint qu'allumé. Tout eſt oublié dans la minute. Pour moi, Dieu merci, je ne ſais ce que c'eſt que rancune, & je n'ai pas plus de fiel qu'une colombe. Malheur à qui me veut du mal; car je n'en veux à perſonne. Mais laiſſons ce propos, & parlons de vous.

Il n'y a qui que ce ſoit, ma chere fille, qui ne convienne qu'on fait une fort triſte figure en ce monde lorſqu'on n'eſt pas riche. Point d'argent, dit le Proverbe, point de Suiſſe. On peut bien dire auſſi, point d'argent, point de plaiſir, point d'agrément dans la vie. Or, comme il eſt tout ſimple d'aimer ſes aiſes & le bien-être, ce qu'on ne ſauroit ſe procurer ſans argent, vous conviendrez, je crois, que l'on eſt bien dupe de refuſer d'en gagner quand on eſt à même de le faire : ſur-tout ſi les moyens que l'on emploie pour cela ne nuiſent pas à la ſociété ; car alors ce ſeroit un mal, & Dieu nous en garde : oui, certes, mon enfant, Dieu nous en garde. Mais j'ai la conſcience nette à cet égard, & je défie qu'on me reproche jamais d'avoir fait tort à autrui d'une obole. *Item* ; on n'eſt pas ici parmi des Arabes : on a une ame à ſauver. Le principal eſt d'aller droit : du reſte, il n'eſt pas défendu de gagner ſa vie de façon ou d'autre : le métier n'y fait rien ; l'eſſentiel eſt qu'il ſoit bon. Je vous diſois donc que l'on eſt bien dupe de négliger de ſe tirer du pair quand on le peut. Eh ! qui peut mieux s'en tirer que vous avec les reſſources que la Nature vous a données ? Vous a-t'elle fait belle pour l'être en pure perte ? Que de Demoiſelles du monde * je connois, qui,

* C'eſt le terme lénitif pour ſignifier Catin.

douées de bien moins d'appas que vous, ont trouvé le ſecret de ſe faire de bonnes rentes ! Il eſt vrai, ſans vanité, que je n'ai pas nui à leur fortune, quoiqu'elles ne m'en aient pas plus d'obligation : mais, Dieu convertiſſe les ingrats. Il ne faut pas que cela nous dégoûte de faire plaiſir. Ah! ma bonne Dame, lui dis-je avec précipitation, j'eſpère que vous ne vous plaindrez jamais de mon ingratitude. Ne répondons de rien, repliqua-t'elle, toutes m'ont tenu le même langage, & toutes l'ont oublié. Les honneurs changent les mœurs. Si vous ſaviez combien il y a de Demoiſelles à l'Opera dont j'ai ébauché l'éducation, & qui ne font pas ſemblant de me connoître aujourd'hui, vous ſeriez forcée d'avouer que la reconnoiſſance eſt une vertu que l'on ne pratique guères dans le ſiécle où nous ſommes. Quoiqu'il en ſoit, il eſt toujours beau d'obliger. A propos, petit Chat, * jolie comme vous êtes,

* Mot de douceur conſacré parmi le petit monde.

n'avez-vous jamais obligé perſonne? Qui, moi, Madame, lui répondis-je d'un ton hipocrite? & qui aurois-je pu obliger dans la triſte condition où j'ai été juſqu'à préſent? Vous ne m'entendez pas, reprit-elle : il faut vous parler plus intelligiblement. Avez-vous encore votre pucellage? A cette queſtion inattendue, le rouge me monta au viſage, & je fus un peu décontenancée. Je vois bien, dit-elle, que vous ne l'avez plus. N'importe, nous avons des pommades miraculeuſes; nous vous en referons un tout neuf. Il eſt pourtant bon que je ſache par moi-même l'état des choſes : c'eſt une cérémonie qui ne doit pas vous faire de peine. Toutes les Demoiſelles qui ſe deſtinent au monde, ſubiſſent indiſpenſablement un ſemblable examen. Vous ſentez bien que le Marchand eſt obligé de connoître ſa marchandiſe. En me prêchant ainſi, Madame Florence m'avoit déja trouſſée au-deſſus des hanches. Je fus virée & revirée de tout ſens : rien n'échappa à ſes regards experts. Bon, dit-elle, je ſuis contente. Le dommage que l'on a fait ici, n'eſt pas ſi grand qu'il ne ſoit facile à réparer. Vous avez, grace à Dieu, un des beaux corps que l'on puiſſe voir, & dont vous pourrez tirer de gros avantages un jour à venir. Cependant il ne ſuffit pas d'être belle; on doit être encore attentive ſur ſoi: un des devoirs indiſpenſables de notre profeſſion, c'eſt de ne point épargner l'éponge. Il y a apparence que vous n'en connoiſſez pas trop l'uſage: venez, que je vous le montre, tandis que nous en avons le tems. Auſſi-tôt elle m'introduiſit dans une petite garde-robe; & m'ayant fait mettre à califourchon ſur un bidet, elle m'y donna la premiére leçon de propreté. Nous employames le reſte de la journée en une infinité d'autres minucies peu eſſentielles à narrer. Le lendemain on me métamorphoſa de la tête aux pieds, ſelon la promeſſe qui m'en avoit été faite. J'avois une robe d'un tafetas couleur de rose, ornée de falbalas, avec un jupon de mousseline, & une montre de pinchbeck à la ceinture. Je me trouvois d'un éclat ravissant en ce nouvel accoutrement, & sensible pour la premiére fois aux éguillons flatteurs de la vanité, je me regardois avec une sorte de complaisance, de respect & d'admiration.

Il faut rendre justice à Madame Florence : c'étoit un des plus grands génies d'ordre & de détail qu'il y eût alors parmi les Abbesses de Cythère. Elle pourvoyoit à tout. Outre les Pensionnaires qu'elle entretenoit toujours à la maison, afin de n'être point prise au dépourvu, quand on vouloit être servi promptement, elle avoit aussi des corps de reserve en ville pour les cas extraordinaires & les parties de conséquence. Ce n'est pas tout : on trouvoit encore chez elle un magazin de robes de toutes sortes de couleurs & de tailles, qu'elle louoit aux nouvelles & pauvres Prosélites telles que moi; ce qui ajoutoit considérablement à ses honoraires.

Madame Florence, de crainte que je ne perdisse mon étalage, avoit fait avertir dès la veille quelques-uns de ses meilleurs chalands, de la bonne trouvaille qu'elle avoit faite. Au moyen d'une si sage précaution, nous ne languimes pas dans l'expectative. Monsieur le Président de.... plus ponctuel à se trouver à de pareilles assignations qu'aux audiences de sept heures, arriva justement comme je venois de finir ma toilette. Je vis une maniére d'homme de stature médiocre, vêtu de noir, étayé sur deux jambes gréles, droit, roide & engoncé, ayant sur la tête, qui ne tournoit qu'avec le corps, une perruque artistement maronnée, surchargée de poudre à la maréchale, dont l'abondante superfluité enfarinoit les trois quarts de son habit; ajoutez à cela qu'il exhaloit une odeur d'ambre & de musc à faire évanouir les gens les plus aguéris aux parfums.

„ Ah! pour le coup, Florence, s'é-
„ cria-t'il en jettant les yeux ſur moi,
„ voilà ce qui s'appelle du beau, du
„ délicieux, du divin. Franchement
„ tu t'es ſurpaſſée aujourd'hui. Je te
„ le dis au ſérieux, Mademoiſelle eſt
„ adorable : oui, cent piques au-deſſus
„ du portrait que tu m'en as fait. Sur
„ mon honneur, c'eſt un Ange. Je te
„ parle vrai : foi de Magiſtrat, j'en ſuis
„ émerveillé. Mais, vois donc le bel
„ œil, il faut que je le baiſe : je n'y ſau-
„ rois tenir.

Madame Florence jugeant au train que prenoient les choſes, que la préſence d'un tiers devenoit inutile, ſe retira ſecrétement & nous laiſſa ſeuls. Auſſi-tôt Mr. le Préſident, ſans déroger à la majeſté de ſon état, m'étendit ſur le canapé, & s'étant récréé quelques momens à conſidérer & palper mes appas les plus ſecrets, il me mit dans une attitude toute oppoſée à celle que j'étois habituée de tenir avec Pierrot. On m'avoit recommandé d'être complaisante : je ne le fus que trop. Le traître me fit ce que les libertins se font entre eux. Je perdis mon autre pucellage. Les contorsions que j'avois faites dans cette anti-naturelle opération, jointes à quelques cris qui m'étoient échappés malgré moi, firent comprendre à Mr. le Président que je n'avois nullement partagé ses plaisirs. Aussi, pour me recompenser & me faire oublier mes souffrances, il me glissa deux louis dans la main. " Ceci, „ dit-il, est de surérogation ; n'en par- „ lez point à la Florence; je lui paye- „ rai en outre ses épices & les vôtres. „ Adieu, petite Reine, que je baise „ auparavant cette charmante fossette : „ ça, j'espére que nous nous rever- „ rons l'un de ces jours. Oui, nous „ nous reverrons; je suis trop content „ de vous & de vos bonnes maniéres.

En même-tems il sortit à petits pas précipités, faisant siffler le plancher de la pointe de l'escarpin sans plier le genouil. Ce qui venoit de m'arriver, m'étonnoit au point que je ne ſavois que penſer. Je crus, ou que Mr. le Préſident s'étoit mépris, ou que c'étoit l'uſage chez les gens d'un certain ordre de s'y prendre de cette façon. Si c'eſt la mode, me diſois-je à moi-même, il faudra bien tâcher de m'y conformer. Je ne ſuis pas plus délicate qu'une autre. Les premiers eſſais en tout genre, ſont un peu rudes; mais il n'eſt rien à quoi l'on ne puiſſe s'habituer à la longue. Je me ſuis bien habituée au tracas de Pierrot: & cependant ce n'a pas été ſans peine dans les commencemens. J'étois occupée à ce ſoliloque intereſſant, lorſque la Florence rentra. " Eh „ bien! petite mere, me dit-elle en ſe „ frottant les mains, n'eſt-il pas vrai „ que Mr. le Préſident eſt un aimable „ homme? Vous a-t'il donné quelque „ choſe? „ Non, Madame, répondis-je. " Tenez, reprit-elle, voilà un louis „ d'or qu'il m'a chargé de vous remet- „ tre. J'eſpére que ce ne ſera pas la „ ſeule marque que vous éprouverez

„ de sa générosité; car il m'a paru ex-
„ trêmement satisfait de vous. Au res-
„ te, ma chere Enfant, il ne faut pas
„ croire que toutes nos pratiques
„ soient aussi bonnes, & paient si gras-
„ sement. Dans toute sorte de négoce
„ il y a gain & perte : le bon recom-
„ pense le mauvais : n'est pas mar-
„ chand qui toujours gagne. On doit
„ prendre les bénéfices avec les char-
„ ges. Vraiment notre métier seroit
„ un Pérou sans les fausses passades.
„ Mais, patience ; les assemblées du
„ Clergé commenceront bientôt ; je
„ me flatte que vous verrez rouler
„ l'argent ici. Vanité à part, ma mai-
„ son n'est pas mal famée. Si j'avois
„ autant de mille livres de rente que
„ j'ai reçu chez moi de Prélats & d'Ab-
„ bés de conséquence, je serois en état
„ de faire la figure d'une Reine. Après
„ tout, j'aurois tort de me plaindre.
„ J'ai, Dieu merci, dequoi vivre, &
„ je pourrois me passer de travailler;
„ mais qui n'est bon que pour soi,

„ n'eſt bon à rien. D'ailleurs, il faut „ une occupation dans la vie. L'oiſi„ veté, dit-on, eſt mere de tous vi„ ces. Si chacun étoit occupé, per„ ſonne ne ſongeroit à mal faire.

Tandis que Madame Florence étoit en train de me débiter ces ſentencieux & ennuyeux propos, je ne ceſſois de bâiller. Elle s'en apperçut enfin, & m'envoya à ma chambre, me recommandant, ſur toute choſe, la cérémonie du bidet. Je ne puis m'empêcher de dire ici, par maniére d'apoſtille, que les honnêtes femmes nous ont bien de l'obligation. Non-ſeulement elles nous ſont redevables d'un meuble ſi utile & ſi néceſſaire, mais encore d'un nombre prodigieux d'autres découvertes charmantes pour les commodités de la vie, & d'un gout exquis dans l'art de rehauſſer les charmes de la Nature, & d'en réparer ou dérober aux yeux les imperfections. C'eſt nous qui leur avons appris le ſecret de multiplier les graces, de les combiner à l'infini par les différentes façons de nous parer; & ſur-tout par l'air aiſé de nos démarches, de notre port, de notre maintien. Nous ſommes en tout les objets de leur attention & de leur étude. C'eſt de nous qu'elles reçoivent les modes & tous ces petits riens charlatans, dont on eſt enchanté & qu'on ne ſauroit définir. En un mot, on a beau nous décrier : les femmes de bien ne ſont aimables qu'autant qu'elles ſavent nous copier, que leur vertu prend l'odeur du péché, & qu'elles ont le jeu & les maniéres un peu catins. Puiſſe cette digreſſion tourner à la gloire de notre Corps, & forcer l'envieuſe prévention à nous rendre la juſtice que nous méritons & à nous faire réparation d'honneur! Je reprens mon hiſtoire.

Madame Florence, qui venoit de ſe déclarer ſi éloquenment contre l'oiſiveté, ne me laiſſa pas le tems d'entretenir de mauvaiſes penſées. Elle reparut tout-à-coup. « Petit cœur, me dit-» elle, d'un ton affectueux, ce n'étoit » pas

„ pas mon deſſein de vous importu-
„ ner ſitôt : mais vos compagnes ſont
„ toutes occupées avec une bande de
„ plumets étourdis, que je me ſerois
„ fait conſcience de vous faire connoî-
„ tre, d'autant plus que ce ſont de mau-
„ vaiſes paies, & que mon intention
„ n'eſt pas de vous employer gratui-
„ tement. Il y a là-bas un Soufermier
„ de mes amis. C'eſt une vieille pra-
„ tique qui m'apporte exactement ſes
„ deux louis par ſemaine. Je voudrois
„ bien ne le pas deſobliger. Qu'en pen-
„ ſez-vous, Maman ? deux louis ne
„ ſont point à mépriſer, ſur-tout quand
„ ils coutent ſi peu à gagner. „ Pas ſi peu que vous croyez, Madame, lui répondis-je; ſi vous aviez éprouvé ce que j'ai ſouffert & ce que je ſouffre encore. (car je me ſentois toute excoriée) " Oh! interrompit-elle, tout le
„ monde n'eſt pas auſſi redoutable que
„ Mr. le Préſident. Celui que je vous
„ propoſe s'en tient au ſimple badi-
„ nage & rien de plus. Je vous garan-

„ tis que ſes careſſes ne ſont ni longues
„ ni fatiguantes : d'ici là ſon affaire eſt
„ faite.

Madame Florence enfin ayant obtenu mon conſentement, me préſenta la plus aſſommante figure de maltôtier qu'il ſoit poſſible de voir. Qu'on ſe peigne une tête quarrée adhérente à des épaules de porte-faix, des yeux hagards & féroces ombragés d'un ſourcil fauve, un petit front ſilloné, un large & triple menton, un ventre en poire, ſoutenu ſur deux groſſes jambes arquées, terminées par deux pieds plats en forme de pattes d'oie. Toutes ces parties réunies enſemble, & chacune exactement en ſa place, compoſoient ce mignon de finance. J'avois été ſi ſurpriſe à l'aſpect d'un ſemblable automate, que je ne m'étois point apperçue de la diſparition de notre mere Prieure. « Eh bien ! me dit le Soufermier d'un ton brutal, ſommes-nous
„ ici pour demeurer les bras croiſés?
„ Vous voilà plantée comme un écha-

„ las. Allons, allons, morbleu, appro-
„ chez : je n'ai pas le loisir de rester en
„ contemplation. On m'attend à no-
„ tre assemblée. Expédions. Où sont
„ vos mains ? Prenez ceci. Que vous
„ êtes gauche ! Serrez les doigts. Re-
„ muez le poignet. Comme cela. Un
„ peu plus fort. Arrêtez. Plus vîte.
„ Dou-ce-ment. Voilà qui est bien. „
Cet agréable exercice étant achevé, il me jette un couple de louis & se sauve de la même ardeur que quelqu'un qui fuit ses créanciers.

Quand je fais réflexion aux épreuves cruelles & bizarres où se trouve reduite une fille du monde, je ne saurois m'imaginer qu'il y ait de condition plus rebutante & plus misérable. Je n'en excepte point celle de Forçat ni de Courtisan. En effet, qu'y a-t'il de plus insupportable que d'être obligée d'essuyer les caprices du premier venu ; que de sourire à un faquin que nous méprisons dans l'ame ; de caresser l'objet de l'aversion universelle ; de nous prêter inceſſanment à des gouts auſſi ſinguliers que monſtrueux ; en un mot, d'être éternellement couvertes du maſque de l'artifice & de la diſſimulation, de rire, de chanter, de boire, de nous livrer à toute ſorte d'excès & de débauche, le plus ſouvent à contre-cœur & avec une répugnance extrême ? Que ceux qui ſe figurent notre vie, un tiſſu de plaiſirs & d'agrémens, nous connoiſſent mal ! Ces Eſclaves rampans & mépriſables qui vivent à la Cour des Grands, qui ne s'y maintiennent que par mille baſſeſſes honteuſes, par les plus lâches complaiſances & un déguiſement éternel, ne ſouffrent pas la moitié des amertumes & des mortifications inſéparables de notre état. Je ne fais pas difficulté de dire que ſi nos peines pouvoient nous être méritoires & nous tenir lieu de pénitence en ce monde, il n'y en a guères de nous qui ne fût digne d'occuper une place dans le Martirologe, & ne pût être canoniſée. Comme un vil interêt eſt le mobile &

la fin de notre proſtitution, auſſi les mépris les plus accablans, les avanies, les outrages en ſont preſque toujours le juſte ſalaire. Il faut avoir été Catin pour concevoir toutes les horreurs du métier. Je ne ſaurois, ſans frémir, me rappeller la dureté du noviciat que j'ai fait : & cependant combien en eſt-il qui ont plus pâti que moi ! telle que l'on voit aujourd'hui triomphante dans un équipage doré, orné des plus charmantes peintures & verni par Martin ; telle, dis-je, qui traînant par-tout avec elle un luxe revoltant, affiche inſolenment le gout pervers & crapuleux de ſon bienfaiteur. Qui croiroit qu'elle fut autrefois le rebut des laquais ? que cette même perſonne fut le triſte objet des incartades & de la brutalité de la plus vile canaille ; en un mot, qu'elle porte peut être encore les marques des coups qu'elle en a reçus ? Je le repéte, tout agréable, tout attrayant que paroiſſe notre état, il n'en eſt ni de plus humiliant, ni de plus cruel.

On ne ſauroit s'imaginer, ſans l'avoir expérimenté, à quel excès les hommes portent la débauche dans le délire de leurs paſſions. J'en ai connu nombre qui mettoient toute leur volupté à battre ou être battus, de façon qu'après que j'avois ſoufleté, roſſé, étrillé, j'étois ſouvent obligée de ſubir la même peine à mon tour. Il doit paroître, ſans doute, bien étonnant qu'il ſe trouve des filles aſſez patientes pour ſoutenir un pareil genre de vie; mais que ne font point faire le gout du libertinage, l'avarice, la pareſſe & l'eſpoir d'un avenir heureux!

Pendant environ quatre mois que je demeurai chez Madame Florence, je puis me vanter d'avoir fait un cours complet dans la profeſſion de fille du monde, & que lorſque je ſortis de cette excellente école, j'avois aſſez d'aquis pour le diſputer à tous les luxurieux anciens & modernes, dans l'art profond de varier les plaiſirs, & dans la pratique de toutes les poſſibilités phisiques en matiére de paillardise.

Une petite avanture qui mit ma patience à bout, me fit prendre la résolution de travailler pour mon compte, & de vivre en mon particulier. Voici ce que c'est. Nous eumes un jour la visite d'une escouade de Mousquetaires, aussi pétulans que peu pécunieux. Las de sacrifier au nourrisson de Siléne, il leur avoit pris fantaisie de rendre leurs hommages à Vénus. Malheureusement, nous n'étions alors que deux à la maison; & pour surcroit de disgrace, ma Compagne prenoit depuis quelque tems une tisanne réfrigérative, qui la mettoit hors d'état d'être d'aucune utilité à ces Messieurs. De façon que je me trouvai seule contre tous. Je leur fis vainement mes respectueuses représentations sur l'impossibilité de fournir aux besoins de tant de monde : il fallut, bon gré, malgré, me prêter à ce qu'ils voulurent. Enfin, je souffris trente assauts dans l'espace de deux heures. Que de Dévotes auroient voulu être en ma place, & se voir forcées d'essuyer des maniéres si brutales pour le salut de leur ame! Quant à moi, chétive pécheresse, j'avoue que loin d'avoir pris la chose en patience, & d'avoir chrétiennement béni mes assaillans, je ne cessai de vomir contr'eux toutes les imprécations imaginables tant que la scéne dura. Au fond, trop est trop. Je fus, pour ainsi dire, si gorgée de plaisirs, que j'en eus une espéce d'indigestion.

Après cette rude épreuve, Madame Florence vit bien qu'elle tâcheroit en vain de me retenir. Elle consentit donc à notre séparation, aux conditions néanmoins de me représenter à son domicile toutefois & quand le bien du service l'exigeroit. Nous nous quittames pénétrées d'estime & d'affection l'une pour l'autre. J'achetai quelques chifons de meubles, dont je garnis un petit appartement, rue d'Argenteuil, croyant par-là me soustraire à la jurisdiction des Commiſſaires. Mais que ſert la prudence humaine quand le ſort ſe déclare contre nous! L'envieuſe calomnie vint ruiner la paix de ma ſolitude, & renverſer mes projets au moment que je m'y attendois le moins.

Parmi les débauchés honteux que je recevois diſcrétement chez moi, il s'en trouva un qui dans ſa mauvaiſe humeur, voulut me rendre reſponſable de certaine indiſpoſition critique qui lui étoit ſurvenue tout-à-coup. Je reçus ſes reproches avec hauteur. Il le prit d'un ton plus haut, & me traita d'une façon ſi ſcandaleuſe, que deux ou trois vieilles Catins du voiſinage, jalouſes de mes petits ſuccès, furent flétrir ma réputation à la Police, & firent ſi bien, qu'une belle ſoirée je fus enlevée & conduite à Bicêtre. La premiére cérémonie qu'il m'y fallut eſſuyer, fut d'être examinée & patinée par quatre ou cinq Carabins de ſaint Côme, leſquels concluant, d'une voix unanime, que j'avois le ſang vitié, me condamnerent, ſans appel, à faire quarantaine *hic & nunc*. Après avoir été dûment préparée, c'eſt-à-dire, ſaignée, purgée & baignée, je fus ointe de cette graiſſe efficace où ſont enveloppés mille petits corps globuleux, qui par leur action & leur peſanteur, diviſent & raréfient la limphe, & lui rendent ſa fluidité naturelle.

On ne doit pas être ſurpris que les termes de l'Art me ſoient ſi familiers. Je n'ai eu que trop le tems de les apprendre pendant plus d'un mois que j'ai été entre les mains des dégraiſſeurs. Au reſte, nous autres filles du monde, de quoi ne ſommes-nous pas capables de parler tenant notre éducation du Public? Eſt-il quelque profeſſion, quelque métier dans la vie dont nous n'ayons inceſſanment occaſion d'entendre diſcourir? Le Guerrier, le Robin, le Financier, le Philoſophe, l'Homme d'Egliſe, tous ces Etres divers recherchent également notre commerce. Chacun d'eux nous parle le jargon de ſon état. Comment avec tant de moyens de devenir ſavantes, ſeroit-il poſſible que nous ne le devinſſions pas?

Pendant mon ſéjour à Bicêtre, j'ai eu l'honneur de faire connoiſſance avec pluſieurs Demoiſelles que je ne nommerai point, de peur de déplaire aux premiers du Royaume, dont elles ſont devenues les Idoles. Il eſt des perſonnes qu'on doit reſpecter, même juſques dans la dépravation de leurs gouts. Ce n'eſt point à nous qu'il appartient de contrôler la conduite des Grands. S'ils préférent de mépriſables & infames créatures à ce qui mériteroit les adorations de quiconque à le ſentiment délicat, c'eſt leur affaire.

Quand je me vis hors de la Piſcine de Mr. ſaint Côme, l'impatience me prit de ſortir de captivité. J'écrivis à tous mes prétendus amis dans les termes les plus preſſans, pour les engager à ſolliciter mon élargiſſement. Mes lettres ne parvinrent pas juſqu'à eux, ou plutôt ils ne firent pas ſemblant de les avoir reçues. J'étois désespérée de l'abandon où chacun me laissoit, lorsque je me ressouvins du Président qui m'avoit dépucellée par la voie prohibée. J'implorai son assistance : ce ne fut pas en vain. Quatre jours après que je lui eus fait tenir ma requête, on m'annonça que j'étois libre. Je me sentis tellement pénétrée de joie & de reconnoissance pour le service que me rendoit ce généreux Magistrat, que je lui aurois sacrifié encore vingt autres pucellages plus bizarres, s'il les eut exigés.

J'avois plus lieu que jamais, en rentrant dans le monde, de présumer de mes appas. Il sembloit que le minéral qui m'avoit roulé dans les veines, m'eut donné un nouvel être. J'étois devenue belle à ravir. Cependant le principal me manquoit; je veux dire, l'entregent & les maniéres, le secret ineffable de faire valoir les agrémens de la nature par le secours de l'Art. Je croyois sottement qu'il suffisoit d'avoir du teint, des traits, de la figure pour plaire. Ignorante encore, & ſans nulle expérience du manége, du charlataniſme des femmes du bel air, je me repoſois ſur mon joli minois du ſoin de me faire rechercher, & d'avoir des adorateurs : mais, loin d'attirer les moindres regards vers moi, j'avois la mortification de me voir effacer par des viſages uſés de débauches & tout couverts de blanc de ceruſe & de rouge. Enfin, ne voulant pas courir le riſque de retomber dans le triſte état d'où je venois de ſortir, je fus contrainte pour ſubſiſter, de ſervir de modéle aux Peintres.

Pendant à peu près ſix mois que j'exerçai cette belle profeſſion, j'eus l'honneur d'être l'objet des études & des récréations de tous les Appelles & Barbouilleurs de Paris. Il n'eſt guères de ſujets profanes & ſacrés qu'ils n'aient épuiſés ſur moi. Tantôt je repréſentois une Madelaine pénitente, tantôt une Paſiphaé. Aujourd'hui j'étois ſainte, demain Catin , ſelon le caprice de ces Meſſieurs, ou l'exigence des cas. Quoique j'euſſe un des plus beaux corps & des mieux articulés qu'il fut poſſible de voir, une jeune Lavandiére, connue alors ſous le nom de Marguerite, maintenant ſous celui de Mademoiſelle Joly, m'éclipſa tout-à-coup, & m'enleva mes chalands. La raiſon de cela, c'eſt qu'on me ſavoit par cœur, & que Marguerite ne me cédant rien du côté des perfections corporelles, avoit ſur moi le mérite de la nouveauté. Néanmoins on ne tira pas de ſes charmes tout le parti qu'on avoit lieu d'en eſpérer. Elle étoit d'une ſi grande vivacité, qu'il n'étoit preſque pas poſſible de lui faire garder une attitude. Il falloit, pour ainſi parler, la ſaiſir au vol. Voici un de ſes traits d'étourderie qui la caractériſe parfaitement. Mr. T.... la peignoit un jour en chaſte Suſanne, c'eſt-à-dire, en état de pure nature. Il fut obligé de la quitter un inſtant. Sur ces entrefaites une proceſſion des Carmes

Billetes vint à paſſer. Cette folle oubliant ſon perſonnage actuel, courut étaler au balcon ſes appas obſcénes. La Populace, plus ſcandaliſée que les Révérends, de l'indécence d'un ſemblable procédé, la ſalua d'une grêle de pierres. Cette avanture penſa attirer de fâcheuſes affaires à Mr. T.... On vouloit le prendre à parti. Heureuſement il en fut quitte pour l'excommunication.

Cependant, le crédit que Marguerite aqueroit journellement dans notre métier commun, me fit prêter l'oreille aux propoſitions d'un Mouſquetaire gris, dont je devins la Penſionnaire, à raiſon de cent francs par mois. Nous établimes nos foyers dans la rue du Chantre. Mr. de Mez... (c'étoit mon bienfaiteur) m'aimoit à l'adoration : je l'aimois de même; ce que l'on doit regarder comme un phénoméne chez une fille entretenue, d'autant que l'averſion la plus inſurmontable eſt la recompenſe ordinaire des Entreteneurs.

Quoiqu'il en ſoit, je ne lui avois pas voué une fidélité ſi ſcrupuleuſe, que je ne m'en tinſſe qu'à lui ſeul. Un jeune garçon Perruquier, & un Mitron à larges épaules étoient alternativement ſes ſubſtituts. Le premier, ſous prétexte de me friſer, avoit le privilége d'entrer familiérement dans ma chambre quand il vouloit. Le ſecond, à titre de mon Pourvoyeur de pain, s'étoit aquis le même droit, ſans que Mr. de Mez.... en conçut le moindre ombrage. Tout juſques-là ſembloit concourir à ma félicité. Si la fortune ne me fourniſſoit qu'un honnête néceſſaire, l'amour me donnoit au delà de mes beſoins libidineux. J'avois lieu d'être contente de ma condition, je l'étois en effet, lorſqu'un maudit *Qui pro quo* bouleverſa notre petit ménage. La Cour étant allée à Fontaine-bleau, Mr. de Mez.... avoit été du détachement, & devoit reſter à ſon quartier tout le tems du voyage. Mon Hôteſſe, ſe fiant ſur ſon abſence, me pria de lui prêter ma cham-

chambre pour un particulier & sa femme, qui ne comptoient s'arrêter que deux ou trois jours à Paris. Je ne fis nulle difficulté de lui accorder ce qu'elle souhaitoit, & nous convinmes de coucher ensemble, pendant que ces Etrangers occuperoient mon lit. Les bonnes gens vinrent en prendre possession le même soir, espérant s'y dédommager des mauvaises nuits qu'ils avoient essuyées dans la route.

Mr. de Mez.... pressé, selon les apparences, du désir de copulation, arriva justement à l'heure que tout le monde dormoit. Il avoit un passe-partout de la maison & une clef de ma chambre. Il entre à petit bruit : mais de quel étonnement son ame ne fut-elle pas saisie, quand un ronflement en basse-contre, vint frapper son oreille! Cependant il approche de mon lit, frissonnant de crainte & de rage : il tâtonne & sent deux têtes sous sa main. Alors le démon de jalousie, l'esprit de vengeance s'emparant de ses sens, il tombe à grands coups de canne ſur le couple endormi, & caſſe un bras au pauvre diable d'époux, qui tâchoit de garantir ſa moitié d'un traitement ſi brutal. Il eſt aiſé de penſer qu'une ſemblable ſcéne ne ſe paſſa point dans le ſilence. Bientôt toute la maiſon & le voiſinage furent éveillés aux hurlemens de ces infortunés conjoints. On crie de toute part au meurtre, à l'aſſaſſin. Le Guet arrive, & Mr. de Mez.... reconnoiſſant trop tard ſa mépriſe, eſt arrêté & conduit à l'Hôtel. Comme c'étoit à mon occaſion qu'on avoit fait ce beau vacarme, je ne crus pas qu'il fût prudent d'attendre quelle en ſeroit l'iſſue. Je mis à la hâte un petit jupon avec un pet-en-l'air, & à la faveur du charivari, je me refugiai furtivement chez un Chanoine de ſaint Nicolas, domicilié ſous le même toit.

Il y avoit long-tems que le ſaint homme me convoitoit. Dieu ſait s'il fut fâché de trouver une ſi belle occaſion de ſatisfaire le lubrique appétit qui le dévoroit. Il me reçut d'une façon toute chrétienne ; & après m'avoir fait avaler un verre de ratafiat confortatif, dont il eut auſſi la ſage précaution de ſe mettre un coup ſur la conſcience, le maître paillard m'introduiſit charitablement dans ſa couche canoniale. Certes, ce n'eſt pas ſans raiſon que l'on exalte les talens de ces mangeurs de potage à l'eau bénite. Les gens du monde ne ſont que des mirmidons auprès d'eux. Le bon Prêtre fit pendant toute la nuit & fort avant dans la journée des miracles de nature. Lorſqu'énervé, outré de fatigue, il ſembloit prêt à ſuccomber ſous le plaiſir, auſſi-tôt ſon imagination luxurieuſe, inépuiſable en reſſources, lui prêtoit de nouvelles forces. Chaque partie de mon corps étoit pour lui un objet d'adoration, de culte & de ſacrifice. Jamais Aretin ni Clinchtel * avec tout leur ſavoir, ne furent capables d'inventer la

* Peintre fort célébre autrefois à Paris pour les obſcénités.

moitié des attitudes & des poftures qu'il me fit tenir ; & jamais les miftéres de l'Amour ne furent célébrés de meilleure grace, ni de tant de maniéres différentes.

Je gagnai fi bien l'intimité de Mr. le Chanoine dans cette occafion, qu'il m'offrit de manger avec moi les deniers de la Prébende, qui, à la vérité, n'étoit pas grand'chofe; mais les circonftances embarraffantes où je me trouvois alors, ne me permettant pas de faire la rencherie, j'acceptai fon offre de très-grand cœur.

Le foir même, entre chien & loup, il me prêta une vieille culotte, où avoient repofé dix ans fes deux refpectables témoins ; & m'ayant enharnachée d'une craffeufe foutanelle d'auffi ancienne datte, d'un petit manteau de voile en filigrane, & d'un paroli * au menton, nous fortimes paifiblement, fans que perfonne nous dit mot. Le

* Rabat.

diable, en effet, ne m'auroit pas reconnue ſous ce traveſtiſſement burleſque. J'étois ſi défigurée, que je reſſemblois moins à une fille qu'à un de ces pauvres Ibernois grêlés, qui tirent leur ſubſiſtance quotidienne de leurs meſſes. On ne devineroit pas où mon nouveau maître me conduiſit. Dans la rue Champ-fleuri, au cinquiéme étage, chez une nommée Madame Thomas, crieuſe de vieux chapeaux. Cette honnête perſonne avoit été quelques années auparavant gouvernante du Chanoine. Elle s'en étoit ſéparée pour épouſer un porteur d'eau du quartier; lequel avoit paſſé de cette vie à l'autre peu de tems après les épouſailles : & comme il n'avoit aſſigné de préciput à la ſuſdite Madame Thomas, que ſur les brouillards de la riviére, ſon unique domaine, elle s'étoit enrôlée par beſoin dans le Corps des Revendeuſes de vieilles nipes. Enfin, ce fut à la garde de cette vénérable Bourgeoiſe que mon Prêtre me confia, en attendant qu'il m'eût trouvé un logement convenable.

Madame Thomas étoit une groſſe camuſon, chargée de viande. Néanmoins, à travers ſon exceſſif embonpoint, on découvroit des traits qui faiſoient ſoupçonner qu'elle n'avoit pas été, en ſon tems, d'une figure indifférente. Auſſi la bonne Maman entretenoit-elle encore un commerce clandeſtin avec un Frere Quêteur de l'Ordre Séraphique de ſaint François, qui venoit ſacrifier à ſes gros appas, lorſque l'éguillon de la chair le tourmentoit.

C'eſt une choſe inconcevable que les moyens bizarres dont la fortune ſe ſert pour opérer ſes miracles, & conduire les mortels où il lui plaît. S'imagineroit-on jamais que ce ſeroit chez une crieuſe de vieux chapeaux que cette Divinité fantaſque dût me tendre une main bienfaiſante? rien n'eſt pourtant plus vrai. La protection du Frere Alexis m'a tirée de la pouſſiére, & a été la premiére ſource de l'état d'opuſence dont je jouis aujourd'hui. Mais ce qu'il y a de plus étonnant dans les combinaiſons du ſort, & ce qui confond l'entendement humain, c'eſt que ſouvent les voies du bonheur ne nous ſont ouvertes que par les plus fatals événemens. On roue de coups de bâton un pauvre étranger, qui ſe croit en ſûreté dans ma chambre : on lui caſſe un bras. De crainte qu'on ne me veuille rendre reſponſable de cette tragique avanture, je me ſauve chez mon voiſin le Chanoine, qui me méne en ſecret chez Madame Thomas : ce n'eſt pas tout ; pour comble de diſgraces, j'apprens le lendemain que le Prébendier lui-même avoit été écraſé & enſéveli ſous les ruines de ſon Egliſe ; * & par cette mort imprévue me voilà reduite, ſans aucune apparence de reſſource, à la merci de ma nouvelle Hôteſſe.

* Il y a quinze ou ſeize ans que ce malheur eſt arrivé. Pluſieurs Chanoines eurent le même ſort.

Le ſentiment effrayant de ma ſituation préſente m'arracha des larmes, que Madame Thomas crut que je donnois au défunt. Nous pleurames toutes deux de compagnie quelques minutes : après quoi, la bonne femme, naturellement ennemie des longues afflictions, eſſaya de me conſoler, & y réuſſit mieux par ſes propos burleſques, que n'auroit fait un Docteur avec tout le pathétique de ſa morale chrétienne. “ Allons, Mademoiſelle, me
„ diſoit-elle, il faut ſe faire une raiſon:
„ quand nous pleurerons juſqu'au ju-
„ gement, il n'en ſera ni plus ni moins.
„ La volonté de Dieu ſoit faite. Au
„ bout du conte, ce n'eſt pas nous qui
„ l'avons tué. C'eſt bien ſa faute s'il
„ eſt mort : & oui, vraiment. Que
„ diable avoit-il beſoin aujourd'hui
„ d'aller à Matines, lui qui dans le
„ courant de l'année n'y alloit pas qua-
„ tre fois? A-t'on jamais plus mal pris
„ ſon tems pour être dévot? Deman-
„ dez-moi ſi l'on n'auroit pas bien

„ chanté les Matines ſans lui. Les Chantres ne ſont-ils pas payés pour cela? „ Ah! comme dit ma commere Michaut, la mort eſt bien traîtreſſe! „ c'eſt juſtement lorſque nous y penſons le moins qu'elle nous accroche. „ Qui auroit dit hier au pauvre défunt : Monſieur le Chanoine, nous „ avons une bonne oie pour demain, „ mais on vous en ratiſſe; vous n'en „ tâterez point. Il lui auroit donné le „ démenti, & auroit juré ſa foi qu'il „ en mangeroit ſa part. Voilà pourtant comme on ſe trompe tous les „ jours. C'eſt, en vérité, grand dommage; car c'eſt une oie à ſervir à la „ table de la Reine : ça, ça tenons-nous „ le cœur gai, auſſi-bien tout le chagrin du monde ne payeroit pas un „ ſou de dettes. Entre nous ſoit dit, „ vous ne perdez pas grand'choſe. „ C'étoit un Engeoleur de filles qui „ leur promettoit plus de beurre que „ de pain; & puis le Drôle ne ſe faiſoit „ pas conſcience de les planter là pour

„ reverdir quand il en étoit regoulé.
„ Il avoit auſſi le défaut d'être un peu
„ ſujet à ſon ventre : il s'enivroit fré-
„ quenment, & devoit à tout ſon voi-
„ ſinage. Tenez, que ſerviroit-il de
„ vous cacher la vérité maintenant
„ qu'il n'eſt plus ? ma foi, il ne valoit
„ pas les quatre fers d'un chien.

Madame Thomas me convainquit par cette oraiſon funébre de ſon ancien Maître, que nos domeſtiques ſont des eſpions & des cenſeurs de notre conduite, d'autant plus dangereux, qu'ils n'ont pas d'ordinaire aſſez de diſcernement pour appercevoir nos bonnes qualités, & qu'ils ont toujours trop de malice pour ne pas découvrir nos foibleſſes & nos imperfections. Elle me tint un langage bien différent au ſujet du Frere Alexis. Il eſt vrai qu'il étoit d'une tournure à mériter les éloges de toute connoiſſeuſe. Je dis ceci en paſſant, parce que j'eus la fantaiſie d'expérimenter ſon ſavoir-faire, & que j'ai ſouvent regretté que tant de mérite fut en quelque façon anéanti ſous l'humble haillon d'un pauvre Récolet.

J'aurois dû, afin d'éviter le reproche que l'on pourroit me faire, d'écrire ſans ordre & de déplacer les choſes, laiſſer arriver le Frapart chez Madame Thomas, avant de m'étendre ſur ſon chapitre. Mais le mal n'eſt pas ſi grand; faiſons-le entrer, tandis que la bonne Femme eſt occupée à trouſſer l'oie dont elle veut le régaler. On ſaura donc que je vis un grand coquin des mieux découplés, nerveux, membru, barbu, ayant le teint frais & vermeil, des yeux vifs & perçans, pleins d'un feu, dont les étincelles ſimpatiques faiſoïent ſentir plus bas que le cœur, des démangeaiſons qu'on ne ſoulage pas avec les ongles.

Madame Thomas le mit d'abord au fait de mon hiſtoire. Il avoit appris, chemin faiſant, la triſte avanture du Chanoine, & s'en étoit conſolé ainſi que nous, comme font les gens raiſonnables d'un malheur auquel il n'y a point de reméde. Le Drôle ne bornoit pas ſes talens au ſeul métier de Quêteur. Il avoit trouvé le ſecret d'être utile à la ſociété, & encore plus à ſon Couvent, par les ſervices qu'il rendoit à l'un & l'autre ſexe. Perſonne ne ſavoit mieux que lui, ménager de douces entrevues, rompre des obſtacles, éluder la vigilance des Argus, tromper des maris jaloux, émanciper de jeunes pupiles, & affranchir de timides tourterelles de l'empire tirannique des pere & mere. En un mot, le Frere Alexis étoit le Roi des Proxénetes, & conſéquenment fort accrédité parmi le monde galant.

Après les premiéres courtoiſies de part & d'autre, Madame Thomas nous laiſſa enſemble pour aller faire cuire au four la principale piéce de notre feſtin. A peine étoit-elle deſcendue un étage, que le Moine, ſans cérémonie, m'appuie un coup de bec ſur la bouche, & me renverſe ſur le lit.

Quoique je trouvaſſe le procédé

aussi brusque qu'étrange, le besoin que je prévoyois avoir de lui, & la curiosité de voir ce qu'il cachoit sous sa robe, ne me fit faire de résistance que ce qu'il en falloit pour l'enflammer davantage, & ne point passer dans son esprit pour une abandonnée des rues. Dès qu'il m'eut postée à sa guise, il releva sa jaquette au-dessus de ses hanches, & tira d'un grand caleçon de cuir gras, le plus beau, le plus superbe morceau.... enfin, une machine plutôt faite pour meubler une culotte royale, que la dégoutante & crasseuse braguette d'un chétif fantassin de la milice de saint François. Ah! Madame Thomas, que de femmes auroient voulu être en votre place, & crier de vieux chapeaux à pareil prix! La Reine des Amours elle-même, l'adorable Cythérée auroit sacrifié Mars & Adonis pour avoir la jouissance d'un meuble si précieux. Je crus que Priape & toutes ses dépendances m'entroient dans le corps. La douleur aiguë que l'intromission de ce monſtre, à jamais vénérable, me cauſa, m'auroit arraché les hauts cris, ſi je n'avois appréhendé de donner l'allarme au voiſinage. Néanmoins, le mal fut bientôt oublié par les délicieuſes agonies où il me plongea. Que ne puis-je exprimer les raviſſantes convulſions, les charmantes ſincopes, les douces extaſes que j'ai éprouvées alors! mais notre imagination eſt toujours trop foible pour peindre ce que nous ſentons ſi fortement. Doit-on en être ſurpris, puiſque l'ame, en ces déle&tables inſtans, eſt en quelque maniére anéantie, & que nous n'exiſtons plus que par les ſens?

J'aurois couru riſque de ſuffoquer de plaiſirs, ſi la groſſe voix de Madame Thomas, converſant avec ſon chien ſur l'eſcalier, ne nous eut fait quitter priſe. Il ne lui aura pas été difficile, je crois, de déviner ce qui s'étoit paſſé: l'émotion où nous étions encore, & le dérangement du lit, ne dépoſoit que trop contre nous. Quoiqu'il en ſoit;

elle n'en fit rien paroître, & quand l'oie fut arrivée, nous nous mimes à piler des dents chacun de notre mieux. Les libations ne furent pas épargnées. Entre la poire & le fromage, le Frere Alexis tira de sa besace un saucisson de Boulogne & un flacon de ratafiat, que des filles de bien qui avoient passé la nuit en débauche à Neuilly, lui avoient donné. Madame Thomas, trouvant cette liqueur de son gout, en avala plus des deux tiers à sa part : ce qui la mit de si bonne humeur, que les yeux lui rouloient dans la tête comme ceux d'une chatte en chaleur, qui appéte le matou. A la façon dont elle se trémoussoit sur sa chaise, on auroit juré qu'elle avoit une botte de chardons au derriére, tant les esprits du ratafiat fermentoient en cette partie-là. Il lui prenoit des saillies de tendresse & de fureur tout à la fois. Elle embrassoit le Moine, elle le pinçoit, le suçoit, le mordoit, le chatouilloit. La pauvre femme à la fin me fit pitié. Je me retirai dans un trou de cabinet fermé d'une ſimple cloiſon, dont les planches écartées d'un bon pouce les unes des autres, étoient calfeutrées avec des bandes de papier. Au moyen d'une petite ouverture que j'y pratiquai, il me fut aiſé de les voir manœuvrer en plein.

Si le Lecteur judicieux ſe ſouvient que j'ai peint Madame Thomas comme une groſſe gaguie, ſurchargée de cuiſine, il ne ſe ſcandaliſera point de l'attitude que le Frere Alexis lui fit prendre. La bonne Dame avoit un ſi terrible ventre, qu'il n'étoit pas poſſible de l'attaquer de ce côté-là. Le curedent d'un étalon de Mirebalay * n'y auroit jamais atteint. Elle s'appuie donc des deux coudes ſur le lit, le nez contre la couverture, & préſente ſon immenſe poſtérieur à la diſcrétion du Frere. Le paillard au même inſtant lui jetta jupe, jupon & chemiſe par-deſſus

* Pays de la Bretagne, où les ânes ſont reputés les meilleurs.

ſus les épaules, & découvrit un *dupli-cata* de feſſes, qui, à leur prodigieux volume près, faiſoient plaiſir à voir par leur blancheur éblouiſſante. Alors ayant aveint de deſſous ſa grande man-dille, à moitié retrouſſée, le Séraphi-que Goupillon, dont il m'avoit ſi bien aſpergée, il s'élança avec une vigueur inexprimable à travers le taillis épais qui ombrageoit l'entre-deux du ſuſdit feſſier, & ſe perdit dans les brouſſailles.

Au fort de l'opération, Madame Thomas heurloit & renioit comme un damné. L'excès du plaiſir la rendoit auſſi furieuſe qu'auroit pu faire la dou-leur la plus aiguë. Il lui arrivoit pourtant de ſe radoucir par intervalles. « Ah! „ mon gros boudin, s'écrioit-elle d'une „ voix entrecoupée de ſoupirs, arrête-„ toi, je me meurs! mon Menon, que „ je t'aime! que tu fais bien cela! coura-„ ge, cher cœur, bijou de mon ame!... „ Ah! double fils de Putain! Chien! „ Boug.... tu me créves.... Jeanf... „ finiras-tu? Pardon, mon doux ami,

„ épargne-moi.... je n'en puis plus. „ J'avoue que je n'eus pas la force de voir de ſang froid une ſcéne ſi luxurieuſe. Je voulois uſer de la mince reſſource de mon Index pour me ſoulager, lorſque j'apperçus un bout de cierge ſur une méchante tablette. Je l'empoignai avec rage & me l'introduiſis le plus avant qu'il me fut poſſible, les yeux toujours fixés ſur mes deux Acteurs. Si je n'éteignis pas le feu dont je me ſentois dévorée, au moins le calmai-je en partie.

On ne doit pas être ſurpris que Madame Thomas ait eu aſſez peu de vergogne pour commettre cet acte incongru, me ſachant ſi près d'elle, & pouvant bien ſoupçonner que je verrois la choſe. Premiérement, elle n'étoit guères alors en état de réfléchir aux régles de la bienſéance; & d'ailleurs, quand elle l'auroit pu, rien ne l'obligeoit à ſe contraindre devant moi, étant ſuffiſanment inſtruite de la profeſſion que j'exerçois. Auſſi, ſoit qu'elle voulût me donner une preuve de sa parfaite confiance & de son amitié, ou qu'il lui prît envie de se récréer par le spectacle lubrique d'une scéne semblable à celle qu'elle venoit de jouer, elle retira du caleçon du Frere Alexis le monstre encore fumant de rage, & me le mit en main. Quand j'aurois voulu faire la honteuse, je n'en aurois pas eu le tems. Le Frapart me poussa sur le lit, & me fit tout-à-coup un masque de ma chemise. Son redoutable brandon ayant porté à faux un peu au delà du but, me donna une si terrible bourade au bas du ventre, que je crus qu'il m'alloit faire sortir les entrailles. La charitable Madame Thomas, touchée de la douleur que je souffrois, eut la complaisance de m'assister; & tirant de toutes ses forces le rebelle instrument à elle, le fit heureusement tomber dans la mortèse. Comme il n'étoit guères possible alors que je lui témoignasse, de vive voix, ma reconnoissance pour le bon office qu'elle me rendoit, les coups de croupe précipités que je lâchai ſans interruption, ne la laiſſerent pas douter que je ne fuſſe extrêmement ſatisfaite de ſon procédé.

Le Frere inébranlable ſur ſes arçons, répondit à tous mes mouvemens par des ſecouſſes ſi vives, qu'en toute autre occaſion, j'aurois tremblé que le plancher ne s'abimât ſous nous : mais le plaiſir m'avoit rendue intrépide. Le feu eût été à la maiſon, que je ne m'en ſerois nullement inquiétée ; tant il eſt vrai qu'il y a des inſtans où les femmes ſont bien courageuſes. Je ne me ſouviens pas d'avoir été de mes jours ſi mutine dans le déduit : & il ne falloit pas moins qu'un champion tel que le Frere Alexis pour triompher de la fureur de mes tranſports. J'étois une vraie démoniaque. J'avois croiſé mes jambes par-deſſus ſes jarrets, & lui ſerrois ſi étroitement les reins de mes deux bras, qu'on m'auroit plutôt miſe en piéces que de me faire quitter priſe. La gloire de me vaincre n'étoit reſervée qu'à lui. Ce qui doit paroître bien étonnant, & presque incroyable, c'est que, sans reprendre haleine, il me fit gouter trois fois distinctement les joies du Paradis de Mahomet. Apprenez, orgueilleux Mondains, à vous humilier vis-à-vis de ces honnêtes gens de Dieu, & reconnoissez après de tels efforts de virilité, votre insuffisance & les vertus miraculeuses du Froc.

Le Frere Alexis sur l'épreuve qu'il venoit de faire de mes talens, conçut de moi les plus hautes idées, & m'assura d'un ton prophétique, que je ferois fortune. " Je pourrois aisément, „ me dit-il, vous procurer un entre- „ teneur, mais cela ne méne à rien de „ solide, ni de brillant. Vous êtes de „ figure & de taille à ne point rester „ dans un état de médiocrité : tout „ bien considéré, l'Opera est votre „ vrai balot. Je me fais fort de vous „ y faire entrer. La question est de sa- „ voir si vous avez du gout pour le „ chant, ou des dispositions pour la

„ danſe. „ Je crois, répondis-je, que „ je réuſſirois mieux dans la danſe. Je „ le crois auſſi, reprit-il, en me découvrant la jambe au-deſſus du genou, „ voilà un membre fait pour cet exercice, & qui ſur ma parole occupera „ bien des lorgnettes dans le parterre.

Le Frere Alexis ne s'en tint point à de vagues promeſſes. Il me donna au même inſtant une lettre de recommandation pour le Sieur Gr... M.... qui tenoit alors en ſouferme les appas des filles du Théâtre lirique. Le lendemain Madame Thomas m'ayant procuré des nipes d'emprunt, je m'ajuſtai de mon mieux, & fus vers le midi porter mon épitre à ſon adreſſe.

Je vis un grand homme ſec de couleur tannée, flegmatique, & d'un abord froid à morfondre les gens. Il étoit en robe de chambre volante & ſans culotte. Les zéphirs badinant avec ſa chemiſe, découvroient par intervalles deux grandes cuiſſes livides & racornies, au bas deſquelles pendoient triſtement les flasques débris de sa virilité.

Je m'apperçus qu'en lisant la lettre, il jettoit attentivement les yeux sur moi, & que son visage austére se déridoit par gradation. J'en tirai un augure favorable pour mes affaires, & ne me trompai point. Mr. de Gr.... M.... me fit asseoir à côté de lui, & me dit, que jolie & faite comme je l'étois, je n'avois besoin d'aucune recommandation; que néanmoins il embrassoit avec joie l'occasion de faire sa cour au Public, en présentant un Sujet tel que moi à l'Opera.

Cependant, tandis qu'il me débitoit de si belles choses, il faisoit l'inventaire de mes appas les plus secrets; & l'esprit de débauche réveillant petit à petit sa luxure, le Rufien me mit en main ses déplorables reliques. Ce fut alors que j'eus besoin de tout le savoir que j'avois puisé dans l'école de Madame Florence, pour ressusciter cette masse informe, & la retirer de l'état d'anéantissement où elle étoit; insensible & rebelle aux ſecouſſes que je lui donnois, & au frottement de ſes deux lâches témoins, que je preſſois l'un contre l'autre; je commençois à déſeſpérer du ſuccès de mon travail, lorſque je m'aviſai pour derniére reſſource, de lui chatouiller le perinée, & de le ſocratiſer du bout du doigt. L'expédient réuſſit à miracle. La machine aſſoupie ſortant tout-à-coup de ſon repos létargique, ſe développa d'une façon ſi merveilleuſe, qu'il me parut qu'elle prenoit un nouvel être. Alors pour profiter de cet inſtant précieux, & couronner mon chef-d'œuvre, je remuai le poignet avec tant de ſoupleſſe & de rapidité, que le monſtre vaincu par les plus délicieuſes ſenſations, répandit un torrent de larmes dans l'excès de ſa joie.

Enfin, Mr. de Gr.... M.... charmé de mes bonnes maniéres, s'habilla à la hâte & me mena ſur le champ chez Mr. Thuret, en ce tems-là Directeur de l'Opera. Je fus aſſez heureuſe, pour qu'il me trouvât auſſi de ſon gout. Il m'agrégea ſans héſiter au corps ſémillant des Demoiſelles de l'Academie Royale de Muſique, * & nous retint à dîner.

Comme j'aime à varier mes deſcriptions & mes tableaux, je ne dirai rien de ce qui ſe paſſa entre Mr. Thuret & moi le même jour. Il ſuffit de ſavoir que le bon homme étoit auſſi paillard que Mr. de Gr.... M.... & n'étoit guères moins difficile à mettre en train. Je retournai coucher chez la bonne Madame Thomas, impatiente de lui faire part de l'effet qu'avoit produit la lettre du Frere Alexis ; & le lendemain je repris poſſeſſion de mon domicile, n'ayant plus rien à redouter des gens de Police.

Outre les leçons du magazin § auxquelles je ne manquois jamais, Malterre le Diable m'en donnoit encore

* L'Opera.

§ Maiſon où ſont les machines & décorations, & où l'on inſtruit les ſurnuméraires.

de particuliéres. Je fis de ſi rapides progrès, qu'en moins de trois mois je me trouvai en état de me tenir ſur mes jambes d'une façon ſupportable dans le Balet.

Le jour de mon début fut marqué par une époque aſſez plaiſante. On ſurprit ſous le Théâtre une de nos Compagnes en péché mortel. Le Conclave féminin n'en eut pas plutôt connoiſſance, qu'il exigea que punition exemplaire en fut faite à toute rigueur. La Délinquante parut au tribunal de Mr. Thuret pour y être jugée. Le Contrôleur la Chamarée auroit bien voulu l'excuſer; mais la Préſidente Cartou ayant pour aſſeſſeurs Fanchon Chopine, la Deſaigles & la mere Carville, dit qu'il étoit de la plus dangereuſe conſéquence de pardonner de ſemblables fautes; que les novices encouragées par l'impunité d'une débauche ſi crapuleuſe, tomberoient bientôt dans les excès licentieux & les débordemens des filles de l'Opera comique. Elle ajouta, qu'il ſeroit honteux & infamant qu'on ſouffrît des proſtitutions de cette nature ſur un Théâtre, qui avoit toujours été depuis ſon établiſſement, l'école de la galanterie la plus délicate & la plus épurée : & qu'enfin ſi l'on ne ſéviſſoit contre la coupable, il n'y auroit pas déſormais une honnête fille qui voulût entrer à l'Opera. Fanchon Chopine donna ſes concluſions à ce qu'elle fut immédiatement rayée du tableau : les autres opinerent du bonnet ; & Mr. Thuret voyant que ſes remontrances ne ſerviroient de rien avec de pareilles cervelles, la déclara déchue de tous ſes honneurs & prérogatives, & privée ſans appel du droit de promener doreſnavant ſa figure Chinoiſe ſur les planches.

Il y avoit environ quinze jours que je trainois la femelle parmi les Eléves de Terpſicore,* lorſqu'un matin à mon lever je reçus un poulet, dont voici la ſubſtance :

* Muſe qui préſide à la danſe.

„ Mademoiſelle, je vous vis hier à „ l'Opera. Votre phiſionomie me plut. „ Si vous vous ſentez d'humeur à pren- „ dre des arrangemens avec un hom- „ me qui abhorre les difficultés en „ amour, & ne ſoupire que l'argent à „ la main, ayez la bonté de me le man- „ der promptement. Je ſuis, &c.

Quoique je n'euſſe pas encore un aſſez grand uſage du monde pour connoître les gens à leur ſtile, je devinai, ſans peine, par la tournure conciſe & bruſque de ce billet, que j'avois touché le cœur d'un Financier. Des connoiſſances de cette eſpéce ſont trop précieuſes pour les rejetter lorſqu'elles ſe préſentent : auſſi ne fis-je point la ſotte. Je lui répondis à l'inſtant que je reſſentois vivement l'honneur qu'il me faiſoit de me donner la préférence ſur tant d'aimables perſonnes de l'Opera ; que ce ſeroit mal répondre à ſes bontés, & m'en rendre indigne, que de ne point accepter ſes offres ; & que s'il étoit impatient de me voir, je ne l'étois pas moins de l'aſſurer perſonnellement de mon profond reſpect.

Une heure après ma réponſe, il arriva dans un équipage des mieux étoffés, & qui ſans être brillant, annonçoit l'opulence du maître. Je fus le recevoir en cérémonie ſur le pailler. Pour faire ſon portrait en trois mots ; c'étoit un petit homme trapu, effroyablement laid, & d'environ ſoixante ans. Il me bredouilla en entrant cinq ou ſix phraſes galantes, que je n'aurois pu comprendre ſans un rouleau de cinquante louis qu'il me gliſſa diſcrétement dans la main. Il n'eſt pas de ſi mauſſades propos qu'on ne trouve admirables & des plus ſublimes, quand ils ſont accompagnés de procédés auſſi généreux. Non-ſeulement ce qu'il me dit, me parut très-ingénieuſement exprimé, mais même je crus découvrir dans ſes traits un air de diſtinction & de nobleſſe qui m'avoit échappé au premier coup d'œil. Voilà ce que produiſent les belles maniéres : on eſt toujours sûr de plaire quand on débute ainsi.

J'étois dans un deshabillé plus agaçant que coquet. L'art que j'y avois mis étoit si voisin de la nature, que mes charmes ne sembloient rien emprunter de mon ajustement. J'avois tout lieu de présumer de leur pouvoir. Mon Financier me trouvoit adorable. L'avidité de ses regards, l'impatience de ses mains ne me laissoient pas douter que je ne touchasse au dénoûment de la piéce. Cependant, qu'arriva-t'il? Après un badinage de trois quarts d'heure, je fus ratée comme une Reine. Cette humiliante avanture me mortifia d'autant plus que je l'éprouvois pour la premiére fois. Je tremblois qu'il n'eût découvert en moi quelqu'imperfection que j'avois ignorée jusqu'alors. Heureusement il me rassura, en m'avouant qu'il étoit sujet à de pareils accidens. En effet, le bon homme me disoit vrai; car pendant un an que je vêcus avec lui, il ne manqua pas de me rater régulièrement deux fois la ſemaine. Quoiqu'il en ſoit, bien des filles ſe ſeroient trouvées fort heureuſes en ma place aux mêmes conditions. Il m'avoit meublé un appartement dans la rue ſainte Anne : il défrayoit ma maiſon, & me donnoit outre cela, cent piſtoles par mois. J'étois en train de faire ma fortune avec lui, quand le dérangement imprévu de la ſienne rompit mes meſures & notre tendre commerce.

Tout dépend à l'Opera de s'établir une certaine réputation. Rien ne fait tant honneur à une Actrice que d'occaſionner quelques banqueroutes, & d'envoyer ſes adorateurs à l'Hôpital. La chute de mon Financier me mit dans un crédit étonnant. Une foule d'aſpirans de tous états ſe préſenterent. Néanmoins je ne voulus pas me décider ſans conſulter Mr. de Gr... M... & le Frere Alexis, à qui j'avois des obligations ſi eſſentielles. J'inſérerai ici, par maniére de parenthéſe, les ſalutaires conſeils que j'en ai reçus, comme un monument de ma gratitude envers eux, & comme le guide le plus sûr pour les filles qui veulent mettre à profit leurs appas.

Avis à une Demoiſelle du monde.

Toute perſonne du ſexe qui veut parvenir, doit, à l'imitation du marchand, n'avoir en vue que ſes interêts & le gain.

Que ſon cœur ſoit toujours inacceſſible au véritable amour. Il ſuffit qu'elle faſſe ſemblant d'en avoir, & ſache en inſpirer aux autres.

Que celui qui la paie le mieux, ait la préférence ſur ſes rivaux.

Qu'elle tranſige le moins qu'elle pourra avec les gens de qualité : ils ſont la plupart hautains & eſcrocs. De gros Financiers renforcés, ſont plus ſolides & plus aiſés à gouverner ; il n'y a que maniére de les prendre.

Si elle eſt ſage, elle éconduira les Greluchons : outre que ce ſont des animaux

maux qui n'apportent aucun profit à la maison, ils en éloignent souvent ceux qui la soutiennent.

Lorsqu'il se présentera pourtant quelque bonne passade, qu'elle ne se fasse pas scrupule d'une infidélité : c'est le casuel du métier.

Qu'elle imite autant qu'il lui sera possible, la frugalité de Mademoiselle Durocher, * & ne se permette les bons morceaux que quand ils ne lui couteront rien.

Qu'elle ait soin de placer son argent à mesure qu'il lui viendra, & s'en fasse de bonnes rentes.

Si un Etranger & un François, également à leur aise, se trouvent en concurrence auprès d'elle, qu'elle n'hésite pas à se déclarer en faveur du premier. Indépendanment de ce que la politesse le requerre, elle y trouvera mieux son compte, sur-tout si elle a affaire à quelques Mylords de la Cité † de Londres.

* Autrefois entretenue par Mylord Weymouth.
† Quartier des Négocians.

Ce font des gens qui, quoique des cancres au fond, font capables de fe ruiner par orgueil pour qu'on les croie plus riches que nous.

Elle fera très-prudenment pour le bien de fa fanté, d'éluder la connoiffance des Américains, Efpagnols & Napolitains, eu égard à la maxime. *Timeo danaos & dona ferentes.* *

Enfin & pour conclufion, qu'elle n'ait point de caractére à elle; mais qu'elle étudie avec foin celui de fon Amant, & fache s'en revêtir comme fi c'étoit le fien propre. Signé Gr.... M.... & le Frere Alexis.

Puiffent toutes les filles de la Profeffion fe graver profondément dans la mémoire cette efpéce de code, & en faire un auffi bon ufage que moi.

La premiére dupe qui remplaça le Financier, fut un Baron, fils d'un gros marchand d'Hambourg. Je ne crois pas

* Qu'on fe fouvienne que Margot, comme éléve du Public, doit favoir toutes fortes de Langues.

qu'il ſoit jamais ſorti de la Germanie un plus ſot & plus deſagréable animal. Il étoit haut d'une toiſe, cagneux & roux, bête au dernier dégré, & ivrogne à toute outrance. Ce Gentilhomme, l'eſpoir & l'idole de ſa famille, voyageoit pour joindre aux heureuſes qualités dont la nature l'avoit comblé, celles que l'on aquiert en pratiquant le beau monde. La ſeule bonne maiſon qu'il connut dans Paris, étoit celle de ſon Banquier, qui avoit ordre de lui compter tout l'argent qu'il vouloit. Ses liaiſons ſe bornoient à deux ou trois écornifleurs complaiſans, & quelques plaſtrons du Serrail de la Lacroix.*

Mr. de Gr.... M.... toujours auſſi zélé pour nos interêts que pour les ſiens, jugea que ce ſeroit dommage qu'un pareil pigeonneau échappât à notre colombier. Il lui fit comprendre qu'il étoit indécent qu'un Seigneur de ſa ſorte ne vêcût pas rélativement à ſa

* Appareilleuſe auſſi célébre que la Florence & la Paris.

haute naiſſance, & à la figure qu'il étoit en état de faire ; que rien ne mettoit plus à la mode un homme de diſtinction & ne lui faiſoit tant honneur, que d'avoir une Demoiſelle de Théâtre ſur ſon compte ; qu'en un mot, c'étoit dans un ſemblable commerce que nos jeunes gens de qualité, & nos Robins de la premiére claſſe, puiſoient leurs jolies maniéres & prenoient le vrai ton de la bonne compagnie.

Mr. le Baron goutant un avis ſi raiſonnable, lui avoua qu'il y avoit longtems qu'il déſiroit avoir une intrigue à l'Opera, & qu'il s'eſtimeroit bien heureux que ce pût être avec moi. « Peſte, répondit Mr. de Gr.... M.... » vous avez déja autant de gout que » s'il y avoit dix ans que vous fuſſiez » ici. Savez-vous bien que de mémoire » d'homme, il n'a point paru une plus » charmante perſonne ſur nos planches. Il n'y a pas un mois qu'elle » eſt vacante, & maintenant elle ne » ſait à qui répondre. On l'aſſiége de

„ tous côtés. Mais, laiſſez-moi faire ;
„ je me charge de négocier la choſe :
„ le ſuccès n'en ſera peut-être pas im-
„ poſſible ; ce qui me le fait eſpérer,
„ c'eſt que, ſoit dit entre nous, elle a
„ un foible de tous les diables pour
„ les Etrangers. Il eſt bon que vous
„ ſachiez encore que l'interêt eſt ce qui
„ la gouverne le moins ; & qu'elle ſe-
„ roit fille à aimer ſérieuſement quel-
„ qu'un qui auroit d'honnêtes procé-
„ dés pour elle. Vous ne ſauriez croire
„ combien elle étoit attachée à ſon der-
„ nier Amant : il eſt vrai qu'il en étoit
„ digne, & que jamais on ne s'eſt com-
„ porté avec une Maîtreſſe d'une façon
„ plus noble & plus diſtinguée. Elle tâ-
„ choit en vain de lui diſſimuler ſes be-
„ ſoins (car vous ſentez bien qu'une
„ jolie perſonne en a toujours de ma-
„ niére ou d'autre.) Il avoit une péné-
„ tration ſurprenante pour les décou-
„ vrir ; & c'étoit alors entr'eux des com-
„ bats de deſintereſſement & de géné-
„ roſité les plus touchans du monde.

F 3

Le Baron émerveillé des éloges que Mr. de Gr.... M.... lui faiſoit de moi, le pria avec inſtance d'employer tous ſes ſoins pour conclurre cette affaire au plutôt, & à quelque prix que ce fût. Je réſolus, à deſſein d'irriter ſes déſirs, de ne rien précipiter, & de laiſſer paſſer quelques jours avant de lui faire une réponſe poſitive. Enfin, notre premiére entrevue ſe fit à l'Opera dans une répétition de Jephté, où il eut le bonheur de me baiſer reſpectueuſement la main derriére les couliſſes. Je n'étois point fâchée qu'il me vît à une répétition, parce que c'eſt ordinairement là que ces Demoiſelles paroiſſent avec toute la pompe, toute la ſplendeur & la dignité de leur état, & qu'elles s'efforcent à l'envi les unes des autres, d'étaler la ſotte prodigalité & les honteuſes foibleſſes de leurs imbéciles Amans.

Quoique je n'euſſe encore ruiné qu'un ſeul homme, j'avois déja aſſez de bijoux & de précieuſes nipes pour pouvoir tenir mon rang parmi nos principales Sultanes, & occuper comme elles une chaiſe * au bord de l'orqueſtre, la jambe nonchalanment croiſée ſur le genou. Il faiſoit froid alors. Jamais on ne ſe montra dans un négligé plus faſtueux & plus impoſant. Mollement enveloppée ſous l'hermine & la marte zibeline, j'avois les pieds dans une boîte couverte d'un velours cramoiſi, doublée de peau d'Ours, dont une boule d'étain pleine d'eau bouillante, augmentoit la chaleur. Dans cet orgueilleux appareil, je faiſois d'un air diſtrait des nœuds avec une navette d'or. Quelquefois je regardois à ma montre & la faiſois ſonner. J'ouvrois toutes mes tabatiéres l'une après l'autre, & me portois de tems en tems au nez un ſuperbe flacon de criſtal de roche pour des vapeurs que je n'avois pas. Je me panchois pour dire des riens à mes compagnes, afin que les

* C'eſt à cette diſtinction que l'on reconnoit celles qui ſont entretenues.

lorgneurs curieux puſſent juger de la tournure élégante de mes membres. En un mot, je commis ce ſoir-là cent impertinences, dont les benets de ſpectateurs étoient enchantés. C'étoit à qui rencontreroit mes yeux pour me faire une profonde & reſpectueuſe révérence, à laquelle on ſe trouvoit bien honoré que je répondiſſe par un imperceptible petit coup de tête.

Il n'étoit pas poſſible en ces momens de triomphe, que je me rappellaſſe le ſouvenir de ma premiére condition. Le luxe qui m'environnoit & les baſſeſſes de ceux qui me faiſoient la cour, en avoient effacé de mon cerveau juſqu'aux moindres traces. Je me croyois une Divinité. Et comment ne l'aurois-je pas cru, quand je me voyois en quelque maniére, déïfiée par les adorations & l'aveugle idolâtrie des perſonnes du plus haut rang ? Franchement, c'eſt aux hommes & non pas à nous, qu'il faut reprocher notre inſolence & nos grands airs : ce ſont eux qui nous tournent la tête par leurs lâches soumissions, leurs flatteries & leurs fadeurs. Pourquoi ne nous oublierions-nous pas, quand ils nous en donnent l'exemple & sont les premiers à s'oublier eux-mêmes? Je ne puis m'empêcher de l'avouer à la honte des uns & des autres, tout notre mérite ne consiste que dans l'imagination déréglée, & la bizarrerie du gout de nos adorateurs. Pardonnez-moi, mes bonnes amies, la hardiesse que je prens de m'expliquer si nettement sur votre chapitre: ma franchise ne sauroit nuire à vos interêts; je le voudrois en vain: tant qu'il y aura des hommes au monde, vous ne manquerez jamais de dupes.

Revenons à Mr. le Baron. Je m'apperçus avec plaisir que mes gentillesses l'avoient plongé dans une espéce de ravissement extatique, & que c'en étoit fait de sa liberté. Depuis le commencement jusqu'à la fin de la répétition, il eut ses deux gros yeux fixés sur moi ainsi qu'un chien d'arrêt, & sembloit jouir intérieurement de mes charmes à la maniére des bienheureux. Je lui fis la grace en ſortant d'accepter une place dans ſon caroſſe, & de l'inviter à ſouper. Mr. de Gr... M... qni étoit demeuré derriére pour quelques affaires de la Communauté, vint nous rejoindre un quart d'heure après. Comme je ne voulois pas dementir les bonnes idées qu'il avoit données de moi au Baron, je me comportai ce ſoir-là avec beaucoup de retenue, & jouai d'un air ſi naturel la fille à ſentimens, que le pauvre idiot me crut ſincérement capable de me prendre de belle paſſion.

La nature compenſe preſque toujours le tort qu'elle fait aux ſots par une doſe plus forte d'amour-propre: plus ils ſont ridicules & deſagréables, plus ils ſe croient de mérite. Tel étoit le foible de mon Héros; il ne douta pas que je ne fuſſe auſſi épriſe de ſes charmes qu'il l'étoit des miens. Je tâchai de l'entretenir dans cette flatteuſe opinion par tous les petits ſoins & les prévenances que je lui marquai pendant le ſouper : & lorſqu'il ſe retira, je lui dis, en le regardant avec des yeux où l'on auroit juré qu'il y avoit de l'amour, que je l'attendois le lendemain entre dix & onze pour prendre du chocolat avec moi. (C'étoit préciſément le tems où je voulois faire le premier eſſai de ſa générosité.) Il fut ſi ponctuel, que j'étois encore couchée quand on vint me l'annoncer. Je pris à la hâte une robe de chambre, & n'ayant point à craindre, comme la plupart de nos Demoiſelles, de me montrer ſans avoir ſubſtitué l'art à la nature, & m'être forgé des appas de toilette, je le reçus dans un négligé des plus ſimples : néanmoins avec toutes les grimaces & les lieux communs d'uſage en ces ſortes d'occaſions.

„ Cela eſt fort joli, Mr. le Baron, de „ ſurprendre ainſi les gens. Eh! mais, „ mon Dieu! quelle heure eſt-il donc? „ Sûrement votre montre avance : il „ ne ſauroit être ſi tard. Miſéricorde!

„ comme je ſuis bâtie! je me fais peur „ à moi-même. Avouez que vous me „ trouvez affreuſe, horrible. Je ſuis „ outrée que vous me ſurpreniez dans „ un pareil déſordre. Savez-vous bien „ que je n'ai pas fermé l'œil de toute „ la nuit? Actuellement que je vous „ parle, j'ai une migraine qui me dé- „ ſeſpére. Quoiqu'il en ſoit, je me „ flatte que le plaiſir de vous voir la „ diſſipera. Allons, Liſette, dépê- „ chons, qu'on faſſe le chocolat: & „ ſouvenez-vous ſur-tout que je ne „ l'aime pas léger.

Mes ordres furent exécutés dans la minute. Tandis que nous régalions notre odorat & notre palais du parfum agréable de ce liquide mouſſeux, on vint m'avertir que mon Jouailler demandoit à me parler. “ Quoi! toujours „ des importuns, m'écriai-je? Ne ſaviez-vous pas que je n'étois au logis „ pour perſonne? Les domeſtiques „ ſont d'étranges gens. On a beau les „ prêcher, ils n'en font qu'à leur tête.

„ Cela me met dans des coléres....
„ Mais, avec la permiſſion de Mr. le
„ Baron, ſachons ce qu'il me veut. Fai-
„ tes-le entrer.... Eh! bonjour, mon
„ cher Monſieur de la Frenaie ; qui
„ vous améne, je vous prie, ſi matin
„ dans nos quartiers? Comment va le
„ commerce? Je gage que vous avez
„ quelque choſe de nouveau à me mon-
„ trer. „ Madame, * répondit-il, c'eſt juſtement ce qui m'a fait prendre la liberté de vous interrompre: j'ai cru, me trouvant dans votre voiſinage, que vous ne me ſauriez pas mauvais gré de vous faire voir en paſſant, une croix à la dévote, qu'une Financiére de la Place Vendôme m'a commandée. Je puis dire, ſans vanité, que depuis long-tems il ne s'eſt fait ici un plus joli ouvrage.
„ Vraiment, Monſieur de la Frenaie,
„ vous êtes un galant homme, de ne
„ point oublier vos amis: je ſuis fort

* Les Demoiſelles de l'Opera ſe donnent entr'elles le titre de Madame pour éviter les équivoques.

„ reconnoiſſante de cette marque d'at-
„ tention de votre part. Voyons donc,
„ puiſque vous avez tant de complai-
„ ſance. Ah! Monſieur le Baron, que
„ cela eſt beau! la monture en eſt char-
„ mante. En vérité, c'eſt un morceau
„ d'un gout admirable. Les pierres en
„ ſont ſuperbes, & taillées au parfait.
„ Ne trouvez-vous pas que cela jette
„ un feu ſurprenant? Ces impertinen-
„ tes Financiéres portent aujourd'hui
„ ce qu'il y a de plus magnifique. Fran-
„ chement j'ai regret qu'une ſi belle
„ piéce ſoit deſtinée à une femme de
„ cette farine. Et de quel prix cela eſt-
„ il, s'il vous plait? „ Madame, repartit la Frenaie, de huit mille francs au dernier mot.“ Si j'étois en argent, re-
„ pris-je, je ne ſouffrirois pas que vous
„ l'emportaſſiez. „ Vous ſavez, Madame, que tout ce que j'ai eſt à votre ſervice. Pour peu que vous en ayez fantaiſie.... “ Oh! non, ce n'eſt point ma
„ coutume de rien prendre à crédit.

Le Baron, comme je l'avois prévu,

ravi de trouver une si belle occasion de me faire sa cour, se saisit de la croix, dont il donna immédiatement soixante louis comptans, avec son billet du reste payable le lendemain. Je fis d'abord toutes les simagrées d'une fille sérieusement fâchée, & qui pense d'une façon noble & desintéressée. " En bonne „ foi, Monsieur le Baron, vous n'êtes „ pas raisonnable : c'est passer les bor„ nes de la générosité : je vous le dis „ au vrai, vous ne me faites point plai„ sir. Je conviens qu'il n'est pas dé„ fendu de recevoir des bagatelles „ d'une personne qu'on estime & pour „ laquelle on se sent du gout. Mais „ franchement, ceci est trop fort : je „ ne saurois me résoudre à l'accepter. „ Tout en disant cela, mon benet me pendit la croix au cou. Alors j'entrai par distraction dans ma chambre ; il m'y suivit, & sans le faire languir davantage, je lui donnai sur le pied du lit une reconnoissance de ses huit mille francs ; toutefois avec un dehors apparent de tendresse si naturel, que le nigaud crut moins devoir mes faveurs au présent qu'il me faisoit, qu'à ses bonnes qualités & à mon panchant.

Mr. de Gr.... M.... que j'avois averti la veille de la saignée que je voulois faire à la bourse de cet honnête Gentilhomme, vint nous trouver sur le midi, & eut pour son droit de courtage, une boîte d'or à la Maubois. Comme il n'y avoit pas Opera ce jour-là, nous dînames ensemble; & chacun de nous ayant lieu d'être content du marché qu'il avoit fait, la gayeté fut l'ame de notre festin. Mr. le Baron principalement se mit en si belle humeur, qu'à force de nous baragouiner de grosses plaisanteries germaniques, & de s'humecter les amigdales, il perdit la petite quantité de bon sens dont il étoit pourvu. Tellement que nous le renvoyames ivre mort à l'Hôtel. Après cet essai de sa magnificence, je crus que j'en tirerois meilleur parti, en ne prenant aucun arrangement fixe avec lui, &

con-

continuant à jouer la femme à belle passion. Cette conduite me réussit au delà de mes espérances. Le mois à peine expiré, j'en attrapai un service complet en vaisselle plate. Quoiqu'il soit constanment vrai que les bienfaits d'autrui nous inspirent plus d'indifférence que d'amour, peu s'en fallut qu'à force d'en faire les grimaces, je ne devinsse sérieusement amoureuse de Monsieur le Baron.

L'habitude nous familiarise, nous naturalise même, si j'ose m'exprimer de la sorte, avec les défauts des gens que nous pratiquons. Tout maussade, tout sot qu'étoit mon Hambourgeois, je commençois à le trouver moins desagréable, lorsqu'une horrible incongruité de sa part, me donna une aversion insurmontable pour lui. Il avoit, ainsi que je l'ai dit ci-dessus, la louable coutume de s'enivrer; & malheureusement il ne se sentoit jamais plus d'amour qu'en ces circonstances. Un soir après avoir passé toute la journée à table en assez mauvaise compagnie, il arriva comme j'allois me mettre au lit. Le glouton en entrant, heurta du pied contre le seuil de la porte, & perdant l'équilibre, il tomba le nez sur le carreau. Sa chute ne pouvant être légére dans l'état où il étoit, on le releva presque sans mouvement, le visage tout ensanglanté. Si j'avois eu le tems de m'évanouir, je l'aurois fait infailliblement; mais le secours pressant, je volai à mon cabinet de toilette, & revins munie de trois ou quatre flacons de différentes eaux. Comme je le crus plus dangereusement blessé qu'il n'étoit, je ne me contentai pas de lui laver & bassiner le museau, je voulus aussi lui faire avaler une cuillerée d'eau d'arquebusade : mais à peine le salope en eut-il quelques gouttes sur les lévres, qu'il lui prit un hoquet effroyable, & au même instant il me lança dans la bouche les trois quarts de son dîner. J'essayerois vainement d'esquisser la peinture de cette desagréable scéne; il suffit de ſavoir que je vomis preſque juſqu'au ſang, que je changeai de tout, & dépenſai la valeur de plus de quatre louis de quinteſſence à me parfumer & me gargariſer.

Dans la colére où j'étois, je le fis jetter dehors, avec injonction à ſes gens de lui dire de ne mettre jamais les pieds chez moi. Le lendemain à ſon réveil ayant appris toutes les circonſtances de ſon avânture & mes intentions, peu s'en fallut qu'il ne ſe déſeſpérât. Il m'écrivit pluſieurs lettres que je refuſai de recevoir. Enfin, ſa derniére reſſource fut de recourir à Mr. de Gr... M... C'étoit juſtement ſe livrer à la griffe du renard. Le ruſé Proxénete, loin d'eſſayer à calmer ſes inquiétudes, lui exagéra ſa faute, & la jugea irrémiſſible. Le pauvre Baron, dans l'excès de ſon affliction, pleura, gémit, heurla & commit tant d'extravagances, que Gr... M... craignant à la fin qu'il ne fut homme à ſe pendre & que nous n'en fuſſions les dupes, crut néceſſaire de changer de ton.

„ Vous avez affaire, lui dit-il, au
„ meilleur cœur & à la fille la plus gé-
„ néreuſe du monde. C'eſt un grand
„ avantage dans le cas où vous êtes.
„ Toute horrible qu'eſt l'offenſe que
„ vous lui avez faite, je ne déſeſpére
„ pas que vos regrets & vos ſoumiſ-
„ ſions ne l'appaiſent tôt ou tard. Je ſuis
„ d'autant plus fondé à le croire, que
„ je ſais, à n'en point douter, qu'elle
„ vous aime à la rage, & que de quel-
„ que fierté qu'elle s'arme pour vous
„ diſſimuler ſes vrais ſentimens, le pan-
„ chant perce toujours & la trahit in-
„ ceſſanment en votre faveur. Hier
„ encore... mais, *motus*, n'allez pas me
„ faire jaſer; hier, dis-je, elle ne put
„ s'empêcher de laiſſer couler des lar-
„ mes, lorſque je la mis ſur votre cha-
„ pitre. Elle m'avoua même que jamais
„ qui que ce ſoit ne lui avoit inſpiré tant
„ de tendreſſe que vous : ce qu'il y a de
„ bien sûr, c'eſt que la pauvre enfant
„ n'a pas dormi quatre heures depuis
„ qu'elle vous boude; & voyez juſ-

„ qu'où va ſon guignon; tandis qu'elle „ ſuccombe ſous le poids des chagrins „ que vous lui cauſez, un pendard de „ tapiſſier veut lui faire vendre ſes „ meubles pour une miſérable ſomme „ de deux mille écus qu'elle lui doit.

Vivat, s'écria le Baron en l'embraſſant, vous me procurez, ſans y penſer, l'occaſion la plus charmante de faire ma paix. Je me charge de la dette. Le faquin ſera payé dès demain, ou il n'y aura pas un ſou dans Paris. “ Ma foi, répondit Gr... M... “ voilà ce que c'eſt „ que d'avoir de l'eſprit. Cette idée-„ là, quoique toute ſimple, ne me ſe-„ roit pas venue en cent ans. Elle eſt „ aſſurément bien digne d'un Seigneur „ tel que vous, & de l'aimable per-„ ſonne qui en eſt l'objet. Oui, je ſuis „ de votre avis: vous ne pouviez ima-„ giner un moyen plus sûr de vaincre „ ſon reſſentiment. Elle a le cœur trop „ délicat pour n'être pas pénétrée juſ-„ qu'au fond de l'ame de la nobleſſe „ d'un ſemblable procédé. Dépêchez-

„ vous ſeulement de faire la ſomme, „ & venez me trouver : je vous ré- „ pons du reſte. „ Enfin, l'innocent fit tant de diligence, que les vingt quatre heures révolues, Gr... M... me l'amena, muni de deux cens cinquante beaux louis neufs. Au ſon mélodieux de ſes eſpéces un torrent de pleurs coula immédiatement de mes yeux. Cette ſituation l'attendrit au point, qu'il ſe mit à beugler comme un veau, de maniére que notre réconciliation fut touchante à pâmer de rire.

Il falloit être auſſi flegmatique que l'étoit Gr... M... pour garder ſon ſérieux à la vue d'un tableau ſi comique. Après ce beau rapatrîment, l'amour & la générofité du Baron augmenterent de telle façon, que je l'aurois congédié ſans chemiſe, ſi ſon bon homme de pere, inſtruit à tems de ſes dépenſes exceſſives, ne fût venu lui-même me l'arracher d'entre les bras. Ainſi finit mon hiſtoire avec cet Adonis échappé du Holſtein.

Alléchée par les grandes contributions que je venois de lever ſur le Pays ennemi, je réſolus de me dévouer tout-à-fait aux affaires étrangéres, pour bruſquer la fortune, n'étant pas d'humeur à vieillir dans le métier. Selon mon calcul deux ou trois nigauds encore de l'eſpéce du dernier, me faiſoient rouler caroſſe le reſte de ma carriére. Mais de ſi bons hazards ne ſe trouvant pas toujours ſous la main, je pris le parti, pour n'être pas oiſive, de faire des excurſions ſur nos Compatriotes, en attendant l'opportunité de remplacer convenablement Mr. le Baron.

C'eſt un uſage établi parmi nos Sultanes, de ſe faire voir plus fréquemment en public, quand leurs entreteneurs les ont quittées, pour avertir les chalands que la place eſt vuide, & qu'elles ſont à louer. Suivant cette ſage coutume, je me produiſis dans les lieux les plus fréquentés, hormis aux Thuileries, où nous ne paroiſſons pas volontiers depuis la mortifiante avanture de Mademoiſelle Durocher.*

Le Palais-Royal étant un territoire dont la propriété ſemble nous être aquiſe par une preſcription auſſi ancienne que l'établiſſement de l'Opera; c'eſt dans cette eſpéce de Jardin de franchiſe que nous uſons en toute liberté du droit de faire les femmes de conſéquence, & de braver impunément l'œil du ſpectateur par nos grands airs & notre orgueilleux étalage. En vain certains cenſeurs cauſtiques oſent dire, qu'on n'y voit généralement que des Uſuriers, des Mercures & des Catins : leurs jalouſes & noires inſinuations n'empêchent pas la belle jeuneſſe deſœuvrée de Paris, les gens à la mode, Plumets, Robins & petits Colets de s'y raſſembler chaque jour, ſur-tout les ſoirs avant & après l'Opera. Une multitude infinie de jolies femmes de toute eſpéce, en font un des principaux

* On voulut la jetter dans le baſſin pour avoir eu l'effronterie de faire parade de ſon luxe vis-à-vis d'une Princeſſe du ſang.

ornemens. Les eſpaliers qu'elles forment ſur des ſiéges le long des arbres de la grande allée, offrent à l'œil émerveillé un ſpectacle auſſi pompeux que riant & récréatif, & dont l'admirable variété eſt au-deſſus de toute deſcription. Mille petits amours, métamorphoſés en moineaux, y font reſpirer un air de laſciveté qu'on ne ſent point ailleurs. Mais, qu'y a-t'il de ſurprenant en cela ? S'il eſt vrai que nous ſoyons l'ame des plaiſirs ; s'il eſt vrai qu'ils nous ſuivent par-tout ; les lieux où nous préſidons, ne doivent-ils pas être les plus agréables du monde?

En effet, le don miraculeux de charmer & d'égayer tout ce qui nous environne, eſt tellement inſéparable de nos perſonnes, que la volupté & la galanterie nous accompagnent même juſques dans le Sanctuaire. Témoin l'Egliſe des Quinze-vingt. Nous jouiſſons du privilége d'y commettre autant d'indécence qu'au Palais-Royal & ſur notre Théâtre. Auſſi, Dieu ſait la foule de

Dévots qu'on y voit les Fêtes & Dimanches. Nous y ſommes aſſiégées de mines, de révérences, de coups de lorgnettes : on fait plus ; on nous y fredonne à l'oreille des airs de ruelle. Nous répondons à tant de gentilleſſes par des propos folâtres & badins, & quelquefois par des éclats de rire que nous étouffons à moitié, en nous couvrant le viſage de notre éventail. Cependant le Sacrifice s'achéve, ſans nous être apperçues de la lenteur du Prêtre, ſouvent même ſans avoir pris garde s'il étoit à l'Autel ou non : & la fin de notre pieuſe conduite, eſt d'arranger une partie de ſouper dans une petite maiſon, ou de conclurre un marché.

Il m'arriva un jour d'y en conclurre un, dont je fus la dupe d'une façon bien mortifiante. Un de ces Chevaliers aimables, qui n'ont pour tout bien que leur induſtrie, & qui par la négligence impardonnable du chef de la Pouſſe, * brillent & font fracas dans

* Le Lieutenant de Police.

Paris aux dépens des honnêtes gens qu'ils dépouillent; un de ces fripons-là, dis-je, dont les grands airs & la dépenſe en impoſoient à tout le monde, avoit trouvé le ſecret d'être de tous nos plaiſirs. Etoit-il queſtion d'une partie du bois de Boulogne, d'un ſouper à la glaciére? on s'y ſeroit ennuyé à mourir ſi Mr. le Chevalier n'en eût point été.

J'obſerverai ici en paſſant, que le commerce de cette mépriſable eſpéce eſt d'autant plus dangereux, qu'ils ſont la plupart d'un caractére doux & liant, qu'ils joignent à une humeur ſouple, les maniéres les plus polies & les plus engageantes, & qu'en un mot, ils poſſédent au ſuprême dégré ce que l'on appelle abuſivement le ton de la bonne compagnie. J'ajouterai encore que l'expérience m'a appris qu'on ne ſauroit être généralement trop en garde contre les perſonnages outrés en matiére de politeſſe: il eſt rare qu'ils ſoient honnêtes gens.

Je reviens à mon Avanturier. Il y avoit déja long-tems que je convoitois un ſuperbe diamant qu'il portoit au doigt. Le fourbe m'avoit ſouvent répété qu'il croiroit me ſacrifier bien peu de choſe, ſi je voulois l'accepter au prix de mes plus légéres faveurs. Quoique je fiſſe ſemblant de ne point ajouter foi à ſes paroles, néanmoins j'avois trop bonne opinion de ma figure pour croire qu'il plaiſantât. De façon que je ne doutai point que la bague ne fût à moi tôt ou tard. Je n'attendois que l'occaſion de la lui accrocher; je crus l'avoir trouvée un Dimanche étant à la Meſſe aux Quinze-vingt. En effet, mon homme m'ayant abordée, & déployant ſon éloquence à me conter des douceurs, je lui répondis, que j'aurois lieu d'être bien glorieuſe des diſcours flatteurs qu'il me tenoit, ſi je pouvois me perſuader que le cœur les lui inſpirât. « Ah! s'écria-t'il en lâchant un ſoupir que je crus ſincére, tant il étoit » bon Comédien, n'aurez-vous jamais

„ des yeux & du difcernement que „ pour découvrir le mérite d'autrui, „ fans ofer connoître le vôtre? „ Mais, lui repartis-je, fuppofé que j'aie quelque mérite, & que je ne l'ignore pas, en fuis-je moins fondée à me défier des fermens des hommes? n'en trompent-ils pas tous les jours qui valent mieux que moi? Ah! Monfieur le Chevalier, fi on exigeoit de vous des affurances de la fincérité de vos fentimens, vous feriez, peut-être, bien embarraffé. „ Quoi, reprit-il, me croiriez-vous af- „ fez double?... „ Je vous croirois, interrompis-je, comme les autres, qui difent les trois quarts du tems, ce qu'ils ne penfent pas, & promettent fouvent ce qu'ils n'ont nulle envie de tenir. Par exemple (au moins, ceci n'eft que pour badiner) avouez que vous auriez été un peu déconcerté, fi je vous avois pris au mot, quand vous m'offrites votre diamant. “ Madame, repliqua-t'il „ d'un ton prefque piqué, avant de „ former des jugemens au defavan-

„ tage des gens, il me ſemble qu'on „ devroit les mettre à l'épreuve. „ Que voulez-vous, lui dis-je en ſouriant? il faut que le bon pâtiſſe pour le mauvais. Les hommes en général, ſont ſi faux, qu'on ne vous fait point une grande injuſtice de n'avoir pas meilleure opinion de vous que de vos ſemblables. Cependant, comme je n'ai pas de raiſon eſſentielle qui m'oblige à vous juger trop rigoureuſement, je veux bien faire une exception en votre faveur, & croire que vous n'avez rien de commun avec votre Sexe, que les qualités qui le rendent eſtimable. Mais il n'eſt pas décent de métaphiſiquer ici ſur pareille matiére : venez manger ma ſoupe, & nous la diſcuterons à notre aiſe.

C'étoit où m'attendoit le traitre. La premiére choſe qu'il fit en entrant chez moi, fut de me mettre la bague au doigt. Le raviſſement où me jetta la poſſeſſion d'un ſi précieux bijou, ne me permit pas de rien refuſer à ſes déſirs. Je lui donnai avant & après le dîner, autant de marques de reconnoiſſance qu'il voulut. Enfin, que croiroit-on que j'ai gagné à ce beau marché ? Le diamant étoit faux. Je me trouvai une boîte d'or de moins, que le filou m'eſcamota, & je n'eus de profit réel qu'une de ces incommodités pour leſquelles Meſſieurs de ſaint Côme ordonnent communément une boiſſon compoſée d'ingrédiens rafraichiſſans & diurétiques.

Ce qu'il y eut de plus déſolant dans cette avanture, c'eſt que loin d'oſer me venger & me plaindre du tour infame de cet eſcroc, je tremblois qu'il ne le divulguât ; & je crois que j'aurois été femme à le payer encore pour l'engager au ſecret. J'eus donc la prudence d'avaler doucement la pilule & de me mettre à la petite diette ſans ſouffler le mot; & afin que la tiſane opérât plus efficacement, je prétextai un mal de poitrine, au moyen de quoi Mr. Thuret me diſpenſa de danſer. Je ne manquois pourtant pas un Opera ; mais j'affectois d'y garder l'*incognito* au milieu de l'Amphithéâtre, toujours vêtue d'un air négligé & coiffée en devant.

Mon Dieu! le joli recueil de bêtises dont j'enrichirois le Public, si je lui faisois part des fades & assommans propos qu'il me falloit essuyer à droite & à gauche, d'un essain de bavards qui me bourdonnoient aux oreilles! Est-il possible que les hommes soient si frivoles, si minucieux? Est-il possible que nous soyons si avides des louanges plates & de la basse adulation pour prendre plaisir à leur entendre débiter tant d'inepties?

Entre un si grand nombre de sots personnages, certain Financier blaffart, de stature colossale, me gracéoit avec une confiance inexprimable, les galanteries les plus absurdes qui puissent sortir de la bouche d'un imbécile. Un vieux Commandeur édenté, complimenteur jusqu'à faire évanouir les gens d'ennui, s'évertuoit de son côté à m'inspirer du gout pour ses jolis petits

yeux

yeux ridés, par une multitude de phrases doucereuses, détachées du Roman d'Astrée. A quelque distance de ces Matadors, de jeunes fats me lançant discrétement des regards passionnés, se disoient les uns aux autres, d'un ton si bas qu'ils m'étourdissoient, que j'étois charmante, d'une beauté divine, au-dessus des Anges, plus brillante que les astres; & si je jettois la vue sur eux, ils baissoient modestement les yeux, pour tâcher de me convaincre que la justice qu'ils rendoient à mes charmes, étoit d'autant moins suspecte de flatterie, qu'ils n'auroient pas voulu que je les entendisse.

Quand je songe à tant d'impertinences, je suis tentée de croire que les créatures de notre sorte, ont des attraits bien puissans, ou que les hommes sont des animaux bien aveugles. Quoiqu'il en soit, la manie que l'on a en France pour nous autres, est si grande, qu'on est généralement plus flatté d'avoir affaire aux filles de Théâtre, qu'aux femmes du Royaume les plus diſtinguées par leur mérite perſonnel & par leur naiſſance. Ne pourroit-on pas imputer une pareille folie à la vanité, à un ſot déſir de faire parler de ſoi? En effet, il ſemble que nous donnions l'être à nos Amans. Tel qui auroit toujours été confondu & comme anéanti dans la foule, dès qu'il eſt attaché à notre char, il n'eſt plus permis de l'ignorer: c'eſt un homme à la mode. Combien de mépriſables Publicains qui n'auroient jamais été connus, s'ils ne nous avoient point fait part de leurs rapines & de leurs concuſſions? C'eſt nous qui tirons ces gens-là de l'obſcurité, & conſacrons leurs noms par les dépenſes exorbitantes où nous les plongeons. N'eſt-ce pas à Mademoiſelle Pelicier que d'Uliſſe doit ſa réputation? car il eſt des réputations de tous genres. C'eſt, ſans contredit, cette incomparable Siréne qui a enrichi nos faſtes de l'hiſtoire de ce célébre Iſraëlite. Grace au vol qu'elle lui a fait de ſes diamans,

& aux avantures qui en ont été les ſuites, ſa mémoire ſera éternelle. On ſaura non-ſeulement qu'un tel homme a exiſté, qu'il fut puiſſanment riche; mais encore que le pauvre diable eſt mort, pour ainſi dire, ſur la paille. Tel eſt le glorieux avantage que l'on obtient à ſe laiſſer prendre dans nos filets. Si l'on ſe deshonore, ſi l'on ſe ruine à nous fréquenter, au moins en eſt-on dédommagé par ce que la renommée en publie, & par le plaiſir de faire du bruit dans le monde.

Revenons à ce qui me concerne. Il y avoit déja trois ſemaines que je me rafraichiſſois le ſang avec une infuſion de racines de fraiſier, de nénuphar & de ſel de nitre, lorſqu'une revendeuſe à la toilette me propoſa par *interim*, les ſervices d'un Député du Clergé. Quoique je me portaſſe alors paſſablement bien, ma guériſon étoit encore un peu équivoque; & il n'étoit pas trop ſûr de s'approcher de mon roſier ſans courir riſque de s'y piquer.

S'il ſe fût agi de tranſiger avec un Laïque, je me ſerois fait ſcrupule de l'expoſer au hazard d'un repentir : mais conſidérant que j'avois affaire à un Prêtre, je ne ſongeai qu'à le plumer ſans me mettre en peine des événemens. A corſaire, corſaire & demi. Comme la profeſſion de ces gens-là eſt d'en impoſer en tout & par-tout ſous le voile hipocrite des vertus chrétiennes & ſociales ; comme les Cagots nous prêchent ſouvent pour un écu ce qu'ils ne voudroient pas pratiquer pour cent mille ; en un mot, comme les fourbes ne ſe propoſent d'autre fin en ce monde, que de s'engraiſſer inhumainement de notre propre ſubſtance & de rire à nos dépens, je crus que je ferois un acte plus méritoire que repréhenſible, ſi, par cas fortuit, je donnois à un tel homme ſujet de ſe plaindre de moi. Ainſi tout mûrement peſé, je conſentis à le recevoir, bien réſolue de lui manger juſqu'à ſon dernier rabat le plutôt qu'il me ſeroit poſſible.

Qu'on se figure une espéce de Satire aussi velu que Lycaon, dont le visage pâle & maigre annonçoit un tempérament des plus lascifs. L'incontinence & la lubricité perçoient à travers l'hipocrisie de ses regards... Mais n'achevons pas son portrait, de crainte que mes crayons n'occasionnent des applications injustes, & que le Lecteur malin ne prenne Gautier pour Garguille. Je n'aurois jamais espéré d'un homme de sa robe une galanterie semblable à celle qu'il me fit la premiére fois que nous nous vimes. C'étoit une montre à répétition de Julien le Roi, guillochée d'un gout admirable & toute enrichie de diamans. J'avoue à son honneur, que jamais Eglisier n'a mieux démenti le Proverbe qui dit cancre comme un Prêtre. Il étoit, au contraire, si sottement prodigue, qu'en moins de quinze jours je lui fis vendre un bénéfice de mille écus de rentes. Il auroit été homme à vendre tout le Clergé pour moi, si je ne lui avois communiqué mon indiſpoſition. Dès qu'il s'en apperçut, ſon amour ſe convertit en rage, & dans l'excès de ſa colére peu s'en fallut qu'il n'en vînt aux voies de fait.

Ce fut alors que j'eus recours à l'effronterie & l'impudence dont les femmes de notre profeſſion ſont capables. Je lui dis d'un ton de fermeté qui l'ébranla, que je le trouvois bien hardi d'oſer me faire un pareil outrage; qu'il mériteroit que je le fiſſe jetter par les fenêtres; que ſi j'avois quelque choſe à me reprocher, c'étoit d'avoir eu de la foibleſſe pour lui; que je voyois à merveilles qu'on ne diſoit que trop vrai, quand on taxoit les gens de ſon état d'être la plupart des libertins & des débauchés; que, ſans doute, il s'étoit accommodé de la ſorte dans quelqu'infame maiſon. J'ajoutai, que ſi un reſte de pitié ne me retenoit, je le citerois à l'Official, & aurois aſſez de crédit pour le faire mettre en un lieu où le châtiment & la pénitence ſeroient proportionnés à ses déportemens. Cette véhémente & laconique vesperie eut tout l'effet que je pouvois en attendre. Le pauvre Apôtre fut si abasourdi, si humilié, qu'il décampa sans souffler le mot & onc depuis je n'en ai eu de nouvelles.

Que ceci serve de leçon aux Ecclésiastiques, & leur apprenne que les disgrâces, l'opprobre & le mépris sont d'ordinaire la recompense de leur scandaleuse conduite. Qu'ils sachent se respecter eux-mêmes, s'ils veulent être respectés. On n'est que trop convaincu que la pureté des mœurs n'est point attachée à l'habit, & que les passions ne sont pas moins vives sous la robe d'un Zénobite, que sous l'ajustement d'un Séculier : mais on passe à l'homme du siécle ce que l'on ne passe point à l'homme d'Eglise : celui-ci est assujetti à des bienséances dont l'autre est dispensé. Qu'un Prêtre s'applique à sauver les apparences ; qu'il sache couvrir ses vices, ses appétits, sous un extérieur vertueux & dévot ; qu'il fasse sa principale étude de fasciner chrétiennement les yeux d'autrui ; il a rempli ses devoirs : en exiger davantage, ce seroit demander l'impossible, & contrecarrer les intentions de la nature : c'est à elle seule, & non pas à son ouvrage qu'il appartient de faire des miracles. Que l'Eglisier donc évite de donner prise sur lui ; que le vernis de la sagesse brille dans toutes ses actions extérieures ; qu'il trompe, en un mot, le Prochain, puisqu'il est payé pour cela ; du reste, laissons-le jouir en paix.

Le *Memento* cuisant que j'avois laissé de mes faveurs à Mr. l'Abbé, me fit prendre plus de soin de ma santé que jamais. J'observois si scrupuleusement les ordonnances de mon chirurgien, que je fus bientôt en état de contracter un nouveau mariage. Je n'attendis pas long-tems.

Un Mylord, ou plutôt un Mylourd, vint me présenter ses hommages Sterling & ses vapeurs. C'étoit une sorte d'individu court & ramassé, qui ressem-

bloit parfaitement à un gros orteil, marchant comme un canard, & traversé d'une épée à la Catalane, où pendoit un gros gland qui lui flottoit sur la cheville. Les qualités de son esprit répondoient si bien à celles du corps, que l'un sembloit fait pour l'autre, & que l'on eût été fort embarrassé au quel donner la préférence. On sera, peut-être, surpris que je n'aie jamais eu sous mes loix que des animaux indécrotables; mais il faut observer que les gens de mérite ne sont pas toujours les plus opulens, ni ceux qui recherchent le plus notre commerce; & qu'il n'y a guères que des sots & de mauſſades figures embarrassés de leur argent, qui s'adressent à nous. D'ailleurs, on doit savoir que l'interêt seul nous gouvernant, un barbet, un singe qui viendroit nous trouver, muni d'une bonne bourse, seroit sûr d'être mieux accueilli que le plus aimable Cavalier du monde. Tel est le charme puissant de l'espéce qu'elle nous fait voir toujours à leur avantage, ceux qui en ont beaucoup. Les guinées de Mylord avoient métamorphosé sa personne : c'étoit un Céladon à mes yeux. Il me fit observer un genre de vie bien étrange pendant que j'eus l'honneur d'être à ses appointemens. Nous ne mangions les trois quarts du tems que des tranches de bœuf grillées, des cotelettes de mouton, du veau rôti nageant dans une sausse au beurre, avec des feuilles de choux vertes, telles qu'on les donne aux bêtes de basse-cour. Quelquefois (& c'étoit son plat favori) une piéce de porc avec une marmelade de pommes. Il n'étoit pas d'un gout plus délicat pour sa boisson. Le Bourgogne & les meilleurs vins de France lui faisoient mal au cœur. Il lui falloit de cette ripopée qui pique & gratte le gosier, dont les crocheteurs s'enivrent. On pense bien que le Punch * ni les pipes n'étoient pas oubliés ; car un véritable Anglois ne

* Sorte de Boisson composée de citron, d'eau-de-vie, de sucre & d'eau.

croiroit pas avoir dîné sans cela. Enfin, quand Mylord s'étoit gorgé de ce breuvage mixtionné; quand il avoit fumé tout son saoul, & roté comme un pourceau, il s'endormoit les jambes sur la table.

Je ne me serois pas volontiers habituée à tant de crapule & de saloperie, si je n'y avois pas trouvé un avantage considérable. Quoique Mylord ne fut rien moins que généreux, j'en tirois tout ce que je voulois. Il n'étoit question que de décrier mes Compatriotes, de boire au Roi George, & de donner à tous les diables le Pape & le Prétendant. Moyennant ce petit trait de complaisance, j'avois la liberté de lui vuider toutes ses poches. J'en attrapai un jour la valeur de plus de trois cens louis en marchandise, pour une couple de santés que je bus. Je lui dis que je voulois me faire faire une espéce de deshabillé de fantaisie, & que comme je lui connoissois le gout excellent, je le priois de m'accompagner dans quelque boutique de la rue ſaint Honoré. „ Oh ! de tout mon cœur, répondit „ Mylord. C'eſt très-bien penſé : *yes*, „ *yes*, *veri well :* votre idée eſt fort „ bonne ; *extremely good :* mon avis „ ne vous ſera pas inutile ; *by god*, du „ premier coup d'œil je vous dirai ce „ qui vous convient. „ On ne devineroit pas ce que j'eus la modeſtie de prendre? deux piéces d'étoffes de trente aunes chacune : la premiére en argent pour le pet-en-l'air, & l'autre en or pour les paremens.

Ceci n'eſt rien auprès des dépenſes prodigieuſes où je trouvois inceſſanment occaſion de le plonger. Je n'avois qu'à lui citer quelques traits éclatans de la généroſité de nos entreteneurs, auſſi-tôt, par une jalouſe émulation, il s'efforçoit à les ſurpaſſer, ne pouvant ſouffrir qu'il fût dit qu'aucun Mortel pût égaler en magnificence un Citoyen de la Grande-Bretagne. Son ſot orgueil me valut, dans le courant de quatre mois, cinq mille livres ſterling, tant en bijoux, qu'en bonnes eſpéces ſonnantes.

Eſt-il poſſible qu'il y ait des gens ſi bêtes, que de ſe diſputer l'avantage de manger leur bien avec une Catin pour l'honneur de la Patrie? comme ſi la gloire d'un peuple étoit attachée aux extravagantes profuſions de quelques-uns de ſes membres. Mylord, quoique d'une tournure à ne pas trop prévenir les gens en ſa faveur, ne laiſſoit pas d'avoir très-bonne opinion de ſon maſſif individu. Il prétendoit que perſonne en France ne faiſoit ſes exercices avec plus de grace, de force & d'agilité que lui. Le ſaut, la lutte, les armes, la danſe & le cheval; tout étoit de ſa compétance, & il croyoit s'en aquitter également bien. Quoiqu'il en ſoit, le malheur vouloit toujours que l'exécution ne tournât pas à ſon avantage. Souvent il s'amuſoit chez moi à faire aſſaut contre Mr. de Gr.... M.... qui lui détachoit, du plus grand ſang froid du monde, des bottes à tuer un bœuf, & que Mylord ſoutenoit n'avoir pas reçues. Enfin, ils convinrent un jour, pour éviter d'inutiles conteſtations, de marquer le bout des fleurets. Cet accord paſſé, Mr. de Gr.... M.... délaya dans un petit vaſe du noir de cheminée avec de l'huile, & en fit une eſpéce de pommade, dont chacun graiſſa le bouton de ſon arme. Immédiatement après, voilà mes gens qui s'allongent des bottes de longueur, & Mylord en reçoit une juſtement au milieu de l'eſtomac. Il n'y avoit pas moyen de conteſter celle-ci. La marque bien empreinte ſur ſon jabot, faiſoit une conviction trop autentique, pour que la négative eût lieu. Il ſe contenta de dire qu'il n'avoit pas tenu la garde aſſez haute. Cependant outré juſqu'au fond de l'ame, d'avoir reçu un ſi terrible *mea culpa*, il ſe remit à férailler de plus belle la gueule béante : mais Mr. de Gr.... M.... lâchant un peu la meſure, le bras tendu, lui enfonça un pied de fleuret dans le goſier. Ce que cette avanture eut de plus desagréable pour Mylord, c'est qu'en crachant un sang aussi noir que celui de la Gorgone, * il fit expuration de deux de ses meilleures dents. Néanmoins rien n'étant capable de le corriger, ni de réfréner son courage, quand il croyoit pouvoir se faire admirer, il nous donna bientôt après une autre scéne non moins risible & burlesque.

Nous avions fait une partie quarrée au bois de Boulogne, en caléche découverte. Mylord, plein du noble désir d'étaler son adresse à mener une voiture, fit mettre le cocher derriére, & se plaça lestement sur le siége. Tant que le terrain fut large, sans orniére & sans embarras, il alla tout au mieux : mais s'étant mal-à-propos engagé dans une route trop étroite, besoin lui fut de sa dextérité pour faire place à un carosse qui venoit au grand trot vers nous. La promptitude que requeroit le cas pressant où il se trouvoit, lui fit oublier

* Meduse.

qu'il parloit Anglois à ſes chevaux. Par malheur c'étoient de bons Limouſins, qui avoient peu pratiqué le monde, & n'entendoient pas les Langues étrangéres. Ils firent tout le contraire de ce qu'il leur demandoit. Les ſottes bêtes ſe jetterent bruſquement ſur l'équipage en queſtion, & s'accrocherent par les petites roues. L'autre cocher prenant Mylord à la mine, pour quelque chétif apprentif du métier, lui fit, ſans cérémonie, une cravatte de ſon fouet, & le jetta par terre. Notre Phaëton fort mécontent de ſa chute, & plus encore de la careſſe qu'il venoit de recevoir, quitte promptement ſa perruque & ſon habit, & fait un défi à ce brutal. Le Drôle, qui étoit fort & nerveux, l'accepte de tout ſon cœur. Cependant Mylord plus intrépide que Mars, ſe met en garde un pied en arriére, & les poings croiſés en avant : l'autre, ſans y entendre tant de fineſſe, veut l'apoſtropher d'une gourmade ſur la hure : mais le coup eſt paré & ripoſté d'une mor-

nifle

nifle à travers le museau, puis d'une seconde & d'une troisiéme du même poids. Ce genre d'escrime, auquel le François n'étoit pas stilé, lui ébranla si fort le chef, qu'il en perdit le point d'appui, & chut à la renverse. Néanmoins après s'être pressé les cartilages du nez & bien essuyé la moustache, il se releva pour prendre sa revenche. Le Héros Breton, aussi ferme qu'un roc, se préparoit à lui paîtrir de nouveau la ganache, & lui pocher un œil ou deux, quand Mr. la Violette le gratifia, à l'improviste, d'un grand coup de talon au milieu du ventre, & l'étendit comme une grenouille sur l'arêne. Mylord se relevant dans une colére affreuse, s'écria que le coup n'étoit pas bon, & nous demanda son épée pour la passer à travers le corps du traître. Nous ne concevions pas l'équité de sa plainte, d'autant que le coup nous avoit paru aussi bon qu'un coup de pied puisse l'être. Enfin, sa premiére fougue passée, il nous apprit que les loix du noble

Pugilat défendoient très-ſévérement les coups de pied. On vint à bout de l'appaiſer, en lui aſſurant qu'on avoit toujours ignoré ces loix en France, & que l'on n'avoit jamais eu l'eſprit de croire qu'il fut mal-honnête de faire uſage de ſes quatre membres dans de ſemblables cas. Satisfait de nos raiſons, Mylord remonta gayement ſur ſon ſiége, pouvant à peine contenir la joie qu'il reſſentoit d'avoir remporté à nos yeux, une victoire ſi brillante. Il eſt vrai qu'il remplit les ſpectateurs d'admiration; mais c'eſt un talent naturel aux Anglois; & nous ne ſaurions, ſans leur faire la plus criante des injuſtices, leur diſputer l'honneur d'être les plus grands hommes du monde dans l'art diſtingué d'appuyer dextrement des coups de poing.

Peu de tems après cette martiale avanture, des affaires domeſtiques rappellerent Mylord en Angleterre. Comme il ne doutoit pas que je ne fuſſe extrêmement affligée de le perdre, il me protesta, pour me consoler & flatter mon amour-propre, qu'il ne regrettoit en quittant Paris, que moi & le combat du taureau.

Je me voyois au départ de Mylord, un capital assez considérable, pour pouvoir tenir maison, & filer délicieusement mes jours dans l'abondance & le repos : mais j'ai expérimenté que la soif d'aquerir augmente à proportion de nos gains, & que l'avarice & l'épargne sont presque toujours compagnes des richesses. L'envie d'être plus à son aise; l'espoir de jouir plus parfaitement, reculent sans cesse le tems de la jouissance. Nos besoins se multiplient à mesure que notre fonds grossit; & nous nous trouvons dans la disette au sein même de l'opulence. J'avois déja douze mille livres de rente : je ne voulois pas songer à la retraite, que je n'en eusse vingt. Il est vrai que pour une fille aussi achalandée que moi, ce n'étoit pas fixer à la fortune un terme déraisonnable. Les nouvelles faveurs qu'elle me fit, prouvent bien que je pouvois ambitionner davantage. En effet, mon Anglois n'étoit pas encore à Douvres, qu'un Membre de l'Academie * des quarante de l'Hôtel des Fermes, arriva pour le remplacer. Je le reçus avec les marques de respect & de distinction dûs à son coffre fort. Néanmoins, sans être éblouie de l'honneur qu'il me faisoit, je lui dis, que m'étant consacrée aux affaires étrangéres, je ne pouvois accepter ses offres, qu'à condition que, dès qu'un Etranger se présenteroit, notre bail seroit nul. Il y consentit & l'accord fut signé.

C'étoit un grand homme, passablement bien fait & d'assez bonne mine; du reste, un animal insupportable, comme sont d'ordinaire les gens de cette profession. La terre ne sembloit pas digne de le porter. Il avoit un mépris souverain pour tout le monde, ex-

* L'Auteur emploie cette expression ironique, parce que les Fermiers généraux sont quarante comme les Academiciens François.

cepté pour lui-même. Il ſe croyoit un génie univerſel : il parloit de tout d'un ton abſolu : il contrediſoit éternellement, & malheur à qui l'auroit contredit : il vouloit qu'on l'écoutât, ſans vouloir écouter perſonne. En un mot, le bourreau mettoit le pied ſur la gorge aux gens raiſonnables, & prétendoit être applaudi.

Ce qu'il fit de mieux en entrant chez moi, ce fut de réformer le mauvais gout que Mylord avoit introduit dans ma cuiſine, & d'y ſubſtituer le luxe & la délicateſſe des repas financiers. J'avois ſoir & matin une table de huit couverts, dont ſix étoient réguliérement occupés par des Poëtes, des Peintres & des Muſiciens, leſquels pour l'interêt de leur ventre, prodiguoient en eſclaves leur encens mercenaire à mon Créſus. Ma maiſon étoit un tribunal, où l'on jugeoit auſſi ſouverainement les talens & les arts, que dans la gargote littéraire de Madame T..... Tous les bons Auteurs y étoient mis en piéces

& déchirés à belles dents comme chez elle; on ne faiſoit grace qu'aux mauvais : ſouvent même on les plaçoit au premier rang. J'ai vu cette vermine oſer déprimer les lettres inimitables de l'Auteur du Temple de Gnide, * & pétarder le bon Abbé Pélegrin, pour avoir ſoutenu que les Lettres Juives n'étoient qu'un ramas monſtrueux de penſées extraites de Bayle, de la Bibliothéque univerſelle de le Clerc, de l'Eſpion Turc, &c. toutes pitoyablement défigurées, & ſentant le terroir Provençal à chaque ligne. Ce pauvre Prêtre qui n'avoit contre lui que beaucoup de miſére & de mal-propreté, qui logeoit une très-belle ame dans un corps très-ſalope; ce pauvre homme toute ſa vie en butte aux injuſtes ſarcaſmes, avoit une judiciaire exquiſe; & je dois dire à ſa gloire, que ſi j'ai quelque gout pour les bonnes choſes; que ſi je me ſuis garantie de la fiévre contagieuſe

* Les Lettres Perſanes par Mr. de Monteſquieu.

du bel eſprit, je n'en ſuis redevable qu'à ſes conſeils. C'eſt lui qui m'ayant ouvert les yeux ſur le peu de valeur & la petiteſſe de nos frêlons du Parnaſſe, m'a fait connoître que le véritable eſprit étoit un feu pur & divin; un don du Ciel qu'il n'étoit pas au pouvoir des hommes d'aquerir; qu'il falloit bien ſe garder de confondre les génies heureux doués de ce feu ſacré, avec cette multitude mépriſable de petits Ecrivains qualifiés du ſobriquet de bel eſprit; qu'un pareil titre étoit regardé chez les honnêtes gens, comme une eſpéce d'opprobre; & que, quoique la profeſſion des Lettres fut la plus noble de toutes, il étoit preſque honteux de les cultiver aujourd'hui, à cauſe du mauvais renom que ces inſectes leur avoient donné dans le monde. " Vous
" ne devineriez pas, me dit-il un jour,
" pourquoi Paris eſt infecté de cette
" maudite engeance. C'eſt que le mé-
" tier n'exige ni eſprit, ni talens. Pour
" vous en convaincre, faites appren-

„ dre une douzaine de mots du Dic-
„ tionnaire néologique à votre cocher,
„ & envoyez-le au caffé de Procope
„ pendant un mois ou deux, je vous
„ le garantis, à ſon retour, auſſi bel
„ eſprit que les autres. Helas! ajouta-
„ t'il en lâchant un profond ſoupir,
„ c'eſt à la cruauté de mes parens que
„ je dois toute la miſére & le ridicule
„ dont je ſuis accablé depuis ſi long-
„ tems. Les barbares dès ma tendre
„ jeuneſſe, me firent entrer de force
„ dans l'Ordre des Freres Servites.
„ La répugnance que j'avois montrée
„ pour l'état Monacal s'accrut avec l'â-
„ ge : je gémis pluſieurs années ſous
„ le Froc; j'y ſerois mort de déſeſ-
„ poir, ſi je n'avois trouvé moyen de
„ me faire ſéculariſer. Mais, ſans amis,
„ ſans argent, dénué de tout, la li-
„ berté me devint bientôt un fardeau:
„ peu s'en fallut que je ne regrettaſſe
„ les miſérables liens dont j'avois été
„ garroté juſqu'alors. Enfin, ne ſa-
„ chant quel parti prendre, mon irré-

„ ſolution m'amena ici. J'ai ſubſiſté „ dans les commencemens du produit „ de mes Meſſes & de quelques Ser- „ mons compoſés en poſte, que je „ vendois aux Ordres mendians. La „ néceſſité & le deſœuvrement ne m'a- „ voient pas permis d'être trop difficile „ ſur le choix de mes connoiſſances. „ Je fréquentois une petite tabagie près „ de la Foire ſaint Germain, où ſe raſ- „ ſembloient des Danſeurs de corde, „ des Joueurs de Marionettes, quel- „ ques Acteurs de l'Opera comique, „ & entr'autres le Sieur Colin, célébre „ Moucheur de chandelles de la Co- „ médie. Tous ces Meſſieurs, dont „ j'avois eu le bonheur de capter la „ bienveillance, me donnerent mes „ entrées à leurs Spectacles. Bientôt „ la démangeaiſon de barbouiller du „ papier me prit : je hazardai quelques „ mauvaiſes Scénes, qui me furent „ payées au delà de leur valeur. J'au- „ rois bien voulu pouvoir concilier „ l'Egliſe & le Théâtre, & continuer

„ à tirer mon tribut quotidien de l'Au-
„ tel; mais Mr. l'Archevêque jugea à
„ propos de me priver de cette petite
„ douceur, en m'interdiſant les fonc-
„ tions de Prêtre. Je perdis quinze
„ ſous par jour, que me valoit la Meſſe
„ qui étoit mon plus clair revenu.
„ Pour réparer cette perte, je levai
„ boutique de Poëte, & me mis à com-
„ poſer des Comédies, des Opera,
„ des Tragédies, que je faiſois jouer
„ ſous le nom de mon frere le Cheva-
„ lier, ou que je vendois à quiconque
„ avoit la manie d'être Auteur. Je fai-
„ ſois, outre cela, trafic en gros & en
„ détail de tout ce qui étoit du reſſort
„ de l'eſprit. Vouloit-on des Bouquets,
„ des Epithalames, des Cantiques ſpi-
„ rituels, des Sermons de Carême?
„ on en trouvoit dans mon magazin
„ de toutes les ſortes & à juſte prix.
„ Je vous avouerai même ſous le ſe-
„ cret, que maint illuſtre Membre de
„ la Petaudiére du vieux Louvre * n'a

* L'Academie Françoiſe.

„ pas dédaigné de recourir à moi pour
„ ſon Diſcours de réception. Qui ne
„ croiroit pas qu'un commerce ſi con-
„ ſidérable eût dû me faire rouler ca-
„ roſſe ? Cependant jugez de l'avan-
„ tage que j'en ai tiré par l'état où
„ vous me voyez. Depuis plus de cin-
„ quante ans j'ai compoſé des millions
„ de Vers, & je n'ai pas de culotte.

Si l'air de candeur & de naïveté avec lequel le bon homme Pélegrin s'expliqua, me convainquit que de tous les métiers le plus ingrat & le plus frivole eſt celui de bel eſprit, ſon mérite réel me convainquit auſſi qu'il y a des heureux dans la profeſſion des Lettres comme dans toutes les autres, & qu'il eſt une infinité d'Ecrivains qui doivent plus leur réputation à leur étoile, qu'à leurs talens. Combien ai-je vu de faux célébres dans Paris, dont on n'auroit jamais parlé ſans la protection de quelqu'important de Cour ou de quelque Catin en crédit ? Combien en connois-je à qui l'autorité a déféré les premiéres places parmi les disciples d'Apollon, qui n'auroient pas été capables de tirer de leurs cerveaux stériles la centiéme partie des bonnes choses que l'Abbé Pélegrin a faites ? Sauve toute comparaison odieuse, le pauvre diable ressembloit assez au Paillasse de la Foire, qui est la risée du Public & le jouet éternel de ses Confreres, quoiqu'au fond il soit infiniment plus habile qu'eux. Concluons delà que le mérite est en pure perte, quand il n'est point étayé de la Fortune. C'est à elle seule qu'il appartient de faire les grands hommes ; la Nature ne fait que les ébaucher.

Je reviens à mon Cordon-bleu de Finance. Sa compagnie l'ayant élu pour aller en tournée, c'est-à-dire, pour voir si les Commis étoient exacts à opprimer & piller le Peuple, & si l'on ne pourroit pas inventer quelqu'honnête moyen de le fouler encore davantage, nous rompimes amicalement notre contract, & je me retrouvai libre.

Il y a long-tems que j'aurois dû répondre à une queſtion que mes Lecteurs m'ont indubitablement faite plus d'une fois en eux-mêmes. Comment eſt-il poſſible que Margot, qui eſt née avec un tempérament de Meſſaline, ait pu ſe contenter de gens qu'elle ne voyoit que par interêt, & qui la plupart n'étoient rien moins que des Hercules dans les travaux libidineux?

Rien n'eſt mieux fondé que cette objection, & il eſt juſte d'y ſatisfaire. Sachez donc, Meſſieurs, qu'à l'exemple des Ducheſſes de la vieille Cour & de pluſieurs de mes Compagnes, j'ai toujours eu à mes gages.... Mais que ceci, je vous prie, ſoit ſous le ſecret. J'ai toujours eu un jeune & vigoureux Laquais, & je m'en ſuis ſi bien trouvée, que tant que l'ame me battra au corps, je ne changerai point de méthode. Indépendanment de ce que les Drôles ſont ſans conſéquence, ils vous ſervent dans la minute, & ne vous ratent pas comme font les honnêtes gens;

ou du moins quand la chose arrive, c'est après de si fortes épreuves, qu'il y auroit de l'injustice & de la cruauté à leur en faire un crime. Deviennent-ils insolens? il est aisé d'y remédier. On leur donne quelques coups de bâton; on les paie, & on les renvoie : cela ne fait pas le moindre petit pli. Il est vrai que je n'en suis jamais venue à ces extrêmités, parce que j'ai toujours eu la précaution de les prendre tout neufs, exactement de la tournure d'esprit & de corps du Paysan, que l'ingénieux & élégant Mr. de Marivaux nous a peint d'un coloris si naïf & si gai. Je me donne la satisfaction de les éduquer moi-même, & de les plier à ma fantaisie. Sur-tout, je ne souffre pas qu'ils aient aucune liaison avec leurs semblables, de peur que les coquins ne corrompent leur innocence & ne les débauchent. Je les tiens, pour ainsi dire, à la tâche : du reste, rien ne leur manque quant au *victum & vestitum*. Ils sont proprement entretenus, & nourris comme des poulets à l'épinette, ou, pour parler moins métaphoriquement, comme de bienheureux directeurs de Nones, lesquels n'ont d'autre soin en ce monde, que de faire dévotement de bon chile & ce qui s'ensuit. Voilà, Messieurs, puisque vous étiez curieux de le savoir, la recepte dont je me sers journellement pour modérer les feux de l'incontinence. Au moyen d'un sistême si raisonnable, mes plaisirs ne sont point mêlés d'amertume. Je jouis en paix & à petit bruit, sans redouter les caprices & la mauvaise humeur d'un Amant impérieux qui me traiteroit en esclave, & me faisant peut-être acheter ses caresses au prix de mes épargnes, me reduiroit un jour à la mendicité. Je ne suis pas de ces grues-là. S'entête qui voudra de belle passion & de tendresse Platonique : je ne me repais point de vapeurs : les sentimens épurés & alambiqués de l'amour sont des mêts qui ne conviennent pas à ma constitution ; il me faut des nourritures plus fortes.

Vraiment, Mr. Platon étoit un plaiſant original avec ſa façon d'aimer. Où en feroit aujourd'hui le genre humain, ſi l'on eut ſuivi les idées creuſes de ce gâte-métier ? Il y a grande apparence que la nature ne l'avoit pas mieux partagé qu'Origéne, ou qu'on lui avoit fait quelque ſouſtraction à l'inſtar de celle que l'on fit au doucereux Amant d'Héloïſe. Au moins, ce qu'il y a de bien sûr, c'eſt que ſon maître Socrate, qui avoit les piéces ſans leſquelles on ne ſauroit être Pape, ne lui a pas prêché cette métaphiſique. Il a ſuivi tout uniment le grand chemin ; & s'il s'en eſt écarté, ç'a été de bien peu de choſe. Reprenons notre hiſtoire.

A peine la Renommée eut-elle publié dans Paris mon veuvage, que je me vis obſédée par une multitude de dupes de toute eſpéce & de tous rangs. Un Ambaſſadeur extraordinaire me délivra fort à propos de leurs importunités. Je ne pus me diſſimuler à moi-même la joie que je reſſentis alors

alors d'avoir fait une conquête de cette importance. Quel triomphe flatteur pour ma vanité! & que je m'imaginois de satisfaction de voir à mes pieds une personne, qui, par son adresse à ménager les esprits, par la sagacité de ses lumiéres & une parfaite connoissance des interêts divers des Souverains, peut de son cabinet changer tout le sistême des affaires de l'Europe, & contribuer également au bien général & à la gloire de sa Patrie! Tel étoit le tableau favorable que je me faisois de Mr. l'Ambassadeur avant de l'avoir vu. Je ne doutois pas qu'il ne joignît à ces rares & sublimes talens, mille autres belles qualités, ne concevant pas que l'on pût jamais remplir des emplois de cette conséquence, sans être doué d'un génie supérieur. Ce qui me confirma sur-tout dans la haute idée que je m'en étois faite, ce fut la façon singuliére dont il s'y prit pour traiter avec moi. Notre accord se fit par voies de négociations. Des Agens secrets vinrent me trouver de sa part : je lui en députai de la mienne : ils s'aboucherent ensemble : les offres proposées furent écoutées, examinées, débattues. Chacun cherchant les avantages de son parti, multiplioit les difficultés : on rencontroit des inconvéniens par-tout ; on en faisoit naître où il n'y en avoit pas. S'accordoit-on sur un point ? on différoit sur l'autre. Cependant, après plusieurs conférences rompues & renouées, nos Plénipotentiaires signerent heureusement les Articles, & l'échange du double traité fut fait à notre contentement réciproque.

Comme il y a tout lieu de croire que le Lecteur est impatient de connoître Son Excellence, je vais, sans le faire attendre plus long-tems, lui en crayonner le portrait.

Mr. l'Ambassadeur avoit une de ces figures que l'on peut appeller insignifiantes, & par conséquent, assez difficile à définir. Il étoit d'une taille au-dessus de la médiocre, ni bien, ni mal fait : il avoit la jambe d'un homme de Qualité, c'eſt-à-dire, gréle & décharnée. Il affectoit un air de nobleſſe, que ſon viſage trivial démentoit. Il portoit la tête haute, en ſe gonflant les joues, & jettoit ſans ceſſe un œil de complaiſance ſur l'Ordre dont il étoit décoré. Du reſte, à ſa mine grave, ſilencieuſe & intérieure, on l'auroit cru abſorbé dans de très-profondes méditations, & minutant les plus vaſtes deſſeins. Il ne parloit preſque pas, pour donner à entendre qu'il penſoit beaucoup, & que ſon caractére lui preſcrivoit d'être circonſpect & meſuré dans ſes diſcours. Le queſtionnoit-on? il répondoit par quelque léger mouvement de tête, accompagné d'un coup d'œil miſtérieux ou d'un imperceptible petit ſourire. Qui croiroit que ſur un extérieur ſi bizarre & des apparences ſi équivoques, je fus près d'un mois la dupe de ma préoccupation pour Mr. l'Ambaſſadeur? Je ne me ſerois pas ôté de la cervelle qu'il ne fut le plus grand homme du monde, ſans la peinture charitable que m'en fit ſon Sécrétaire. J'ai déja obſervé ci-deſſus que nous n'avons pas de plus rigoureux & de plus redoutables cenſeurs que nos domeſtiques. Si malgré leur ignorance; nos défauts ne leur échappent pas, comment pourrions-nous eſpérer d'échapper aux traits mordans de leur langue, quand ils ont de la pénétration? Celui-ci étoit trop éclairé pour ſe laiſſer éblouir par la morgue & le férieux étudié de ſon Maître. Quoiqu'il en ſoit, j'ai trouvé ſes obſervations ſi judicieuſes, que je crois faire ma cour au Lecteur de les lui communiquer. C'eſt le Sécrétaire qui parle:

„ Souvenez-vous, me dit-il, pour „ ne vous y jamais tromper, que les „ Grands ne ſont généralement grands „ que par notre petiteſſe; & que c'eſt „ le reſpect aveugle & puſillanime „ qu'un ridicule préjugé nous inſpire „ pour eux, qui les éléve à nos yeux.

„ Osez les envisager ; osez faire abs-
„ traction du faux éclat dont ils sont
„ environnés, le prestige s'évanouira.
„ Vous connoîtrez immédiatement
„ leur valeur intrinséque, & verrez
„ que ce que vous avez pris si souvent
„ pour grandeur & dignité, n'est au-
„ tre chose qu'orgueil & bêtise. Une
„ maxime sur-tout qu'il ne faut pas ou-
„ blier, c'est que le mérite personnel
„ n'est pas plus rélatif à l'importance
„ du Poste qu'on occupe, que la bonté
„ d'un cheval à la richesse du harnois
„ qui le couvre. Bridez une Rosse à
„ son avantage, caparaçonnez-la,
„ chargez-la du plus fastueux équipa-
„ ge; tous ces ornemens ne sauroient
„ la métamorphoser : ce ne sera jamais
„ qu'une Rosse. A l'application. Un gé-
„ nie étroit tel que Son Excellence,
„ s'imagine qu'un air de discrétion, un
„ dehors grave & composé, une con-
„ tenance impérieuse & altiére, sont
„ les seules qualités qui constituent &
„ caractérisent le Ministre. Je dis, moi,

„ que cela ne caractérise qu'un fat. Il „ a beau se gourmer, se panader & se „ rengorger sous le poids imposant „ de sa mission; l'on verra toujours à „ travers sa contrainte & ses efforts, „ qu'il a les reins trop foibles pour un „ si pesant fardeau. Aussi ne manque-„ t'il pas de s'en débarrasser sur nous, „ dès qu'il peut se dérober à l'œil du „ Public. Et alors que croyez-vous „ qu'il fasse, tandis que nous suons à „ déchifrer les dépêches & à y répon-„ dre ? Il polissonne avec ses domesti-„ ques, son singe & ses chiens; il fait „ des découpures ; il fredonne; joue „ de la flute, se jette dans un fauteuil, „ s'étend, bâille & s'endort. N'allez „ pourtant pas vous figurer que tous „ les Ministres soient taillés sur un si „ pitoyable modéle. Il en est dont le „ mérite est infiniment supérieur aux „ éloges qu'on pourroit en faire. J'en „ connois plusieurs qui joignent aux „ talens qu'exige leur état, celui de se „ concilier l'affection & l'estime géné-

„ rale, & qui bien différens de leurs
„ postiches Confreres, savent être re-
„ cueillis dans le cabinet, & dissipés
„ dans le monde, d'autant plus adroits
„ politiques en cela, que l'air de con-
„ fiance & de franchise qu'ils témoi-
„ gnent à l'extérieur, fait qu'on ne s'en
„ méfie pas, & que personne ne songe
„ à se boutonner devant eux.

Mr. le Sécrétaire me dit encore une infinité d'excellentes choses, que je pourrois insérer ici; mais comme il n'est rien qui n'ennuie à la longue, j'aime mieux laisser le Lecteur sur la bonne bouche.

L'admiration & le respect que j'avois eu jusqu'alors pour Son Excellence, dégénéra bientôt en mépris. Malgré sa magnificence & ses largesses, j'aurois été capable de lui faire quelqu'incartade pour m'en délivrer, si le dérangement soudain de ma santé ne nous eut fourni un prétexte réciproque de rupture. Je tombai dans une langueur & une mélancolie qui furent l'écueil du savoir des plus célébres diſciples d'Eſculape. Chacun d'eux également ignorant du mal réel dont j'étois attaquée, m'en prêtoit un de ſon imagination, & me le prouvoit par des ſillogiſmes ſi concluans, que me croyant tous les maux enſemble, je prenois des remédes de toute main, & faiſois de mon corps une boutique d'Apoticaire. Cependant je diminuois à vue d'œil, & n'étois plus qu'une triſte image, qu'une ombre déplorable de ce que j'avois été. Je m'efforçois en vain de remplacer la fraicheur naturelle de mon teint, mes couleurs & mon embonpoint, par les ſecrets illuſoires de l'Art. Le vermillon, la pommade, le blanc & les mouches n'étoient pas capables de retracer à mon miroir le joli minois de Margot. A peine retrouvois-je, dans la profonde méditation & la pénible étude de deux heures de toilette, un ſeul petit trait qui me rappellât le ſouvenir de mon ancienne beauté. J'étois preſque dans le cas d'une décoration de Théâtre, qui par la magie de la perſpective, eſt admirable de loin, & qu'on ne ſauroit voir de près ſans être révolté. Les couches diverſes de fard dont je me ſurchargeois le viſage me prêtoient un certain éclat à quelque diſtance, & donnoient à mes yeux de la vivacité : mais m'approchoit-on ? l'on ne voyoit plus qu'un amas confus & bizarre de couleurs groſſiéres, dont la rudeſſe offenſoit la vue, & ſous leſquelles il n'étoit pas poſſible de démêler ma reſſemblance. Helas! que de ſujets d'affliction & de déſeſpoir quand je me rappellois le tems heureux où Margot, parfaitement ignorante des ruſes & du rafinement de la parure, étoit riche de ſon propre fonds, & n'empruntoit ſes charmes que d'elle-même! Enfin, pendant qu'immolée à mes ennuis & aux ordonnances des Médecins, je trainois un reſte de vie, j'entendis parler d'un Empirique, auquel on avoit donné le ſobriquet de Viſe-à-l'œil, parce qu'il prétendoit connoître la nature de tout mal dans les yeux. Quoique je n'eusse jamais eu grand'foi aux miracles des gens à secrets, la foiblesse où j'étois reduite m'avoit insensiblement disposé l'esprit à la crédulité. Et comme il n'y a rien qu'on se persuade plus aisément que ce que l'on souhaite avec plus d'ardeur, je fis prier Mr. Vise-à-l'œil de passer chez moi, ne doutant pas qu'il ne me rendît bientôt la santé. Au premier abord sa phisionomie me plut. Je lui trouvai un air ouvert & gracieux, au lieu de ce caractére effrayant qui est empreint sur le front de la plupart des Médecins & des Charlatans. Il commença par exiger de ma franchise une bréve confession de ma vie passée avant de tomber malade, & du régime que l'on m'avoit fait observer depuis. Après quoi, m'ayant fixée attentivement l'espace de deux ou trois minutes, sans faire le moindre mouvement ni proférer un seul mot, il rompit le silence en ces termes : " Mademoiselle, vous „ êtes fort heureuse que les Médecins

„ ne vous aient point tuée. Votre mal „ auquel ils n'ont rien connu, n'eſt „ point une affection du corps, mais „ un dégout de l'eſprit, cauſé par l'abus „ d'une vie trop délicieuſe. Les plai- „ ſirs ſont à l'ame ce que la bonne „ chére eſt à l'eſtomac. Les mêts les plus „ exquis nous deviennent inſipides par „ habitude : ils nous rebutent à la fin, „ & nous ne les digérons plus. L'excès „ de la jouiſſance vous a, pour ainſi „ dire, blaſé le cœur & engourdi le „ ſentiment. Malgré les charmes de „ votre condition actuelle, tout vous „ eſt inſupportable. Les ſoucis acca- „ blans vous ſuivent au milieu des fê- „ tes, & le plaiſir même eſt un tour- „ ment pour vous. Voilà votre état. „ Si vous voulez ſuivre mon avis, „ fuyez le commerce bruyant du mon- „ de ; ne faites uſage que d'alimens ſa- „ lubres & ſubſtantiels : couchez-vous „ de bonne heure, & ſoyez matinale : „ prenez de l'exercice : ne fréquentez „ que des perſonnes dont l'humeur

„ quadre à la vôtre : ayez toujours
„ quelqu'occupation pour remplir les
„ vuides de la journée. Sur-tout ne
„ faites aucun reméde, & je vous garantis dans ſix ſemaines auſſi belle
„ & auſſi fraîche que vous l'ayez jamais été.

Le diſcours de Mr. Viſe-à-l'œil fit ſur mes ſens un effet ſi merveilleux, que pour peu que j'euſſe eu foi au Grimoire, je l'aurois ſoupçonné de m'avoir touchée d'une baguette magique. Il me ſembloit que je ſortiſſe d'un ſommeil profond, pendant lequel j'avois rêvé d'être malade. Perſuadée que Mr. Viſe-à-l'œil m'arrachoit d'entre les bras de la mort, je lui ſautai au cou par excès de reconnoiſſance, & le congédiai avec un préſent de douze louis.

Dans la réſolution d'obſerver à toute rigueur ſon ordonnance, mon premier ſoin fut de ſignifier ma ſortie à l'Opera. Quoiqu'on ſoit obligé d'y ſervir ſix mois encore après cette formalité, Mr. Thuret voulut bien m'en exempter. Je ne me vis pas plutôt libre, qu'il me parut que je penſois pour la premiére fois. Depuis le jour que je m'étois éclipſée du domicile de mes parens, je n'avois pas plus ſongé à eux, que s'ils n'euſſent jamais exiſtés, & que je fuſſe tombée des nues. Mon changement de ſituation les rappella dans ma mémoire. Je me reprochai mon ingratitude envers eux, & ſongeai à la réparer au plutôt, ſuppoſé qu'ils vêcuſſent encore. Mes perquiſitions furent aſſez long-tems infructueuſes. Enfin, un vieux Marchand de tiſanne m'apprit que Mr. Tranche-montagne avoit fini ſes jours, commandant une rame ſur les Galéres de Marſeilles, & que ma mere ſe trouvoit actuellement reſſerrée à la Salpétriére, après avoir reçu au préalable une petite correction publique de la main de Monſieur de Paris.*

Je fus ſenſiblement touchée de leur ſort, & loin de blâmer la conduite qui

* On nomme ainſi par dériſion le Bourreau.

les y avoit entraînés, je ne pus m'empêcher de les justifier en mon cœur, me rappellant cette judicieuse réflexion de l'Avocat Patelin, qu'il est bien difficile d'être honnête homme quand on est gueux. En effet, que de gens qui passent pour la probité même, parce que rien ne leur manque, qui auroient fait pis s'ils s'étoient trouvés en pareille situation ! Il n'y a rien en ce monde, comme l'on dit, qu'heur & malheur. Ce sont les infortunés que l'on pend : & sans doute, si tous ceux qui le méritent, étoient punis de la hard, l'Univers seroit bientôt dépeuplé.

Fondée sur cette opinion vraie ou fausse, je m'employai de tout mon crédit pour tirer ma mere de captivité, ne doutant pas que le changement de condition ne la rendît bientôt aussi honnête femme qu'une autre. Dieu merci ! je ne m'abusai point. C'est aujourd'hui une des plus raisonnables personnes que l'on puisse voir. Elle a bien voulu se charger du soin de mes affaires domeſtiques; & j'avoue, à ſa louange, que ma maiſon n'a jamais été mieux réglée. En un mot, ſi j'ai contribué à ſon bonheur, je puis dire qu'elle n'a pas moins contribué au mien par la tendre affection qu'elle me porte, & le zéle ſincére avec lequel elle vole au-devant de tout ce qui peut flatter mes déſirs.

Nous partageons notre tems entre la Ville & la Campagne, & jouiſſons, parmi un petit nombre d'habitudes, (car les amis ſont pure chimére) de ce que la vie a de plus délicieux dans tous les genres. Pour ce qui eſt de ma ſanté, elle eſt très-bonne maintenant, à une légére inſomnie près. Mais, comme Mr. Vis-à-l'œil m'a expreſſément défendu les remédes, j'ai imaginé de lire tous les ſoirs quelques lambeaux des Oeuvres narcotiques du Marquis d'Argens, du Chevalier de Mouhi, & de pluſieurs excellens Ecrivains de cette Claſſe, moyennant quoi je dors comme une marmotte. J'exhorte ceux qui ſont attaqués de ſemblable indiſpoſition, de ſe ſervir du même expédient : ſur ma parole, ils s'en trouveront bien.

Il me reſte à répondre au reproche qu'on me fera peut-être, d'avoir été un peu trop libre dans mes tableaux. Voici ce qui m'y a engagé. J'ai cru que le moyen le plus sûr de décrier les filles publiques, étoit de les peindre avec les couleurs les plus odieuſes, & de les faire paſſer par les dégrés les plus infames du métier. Au reſte, quel que ſoit là-deſſus le ſentiment du Lecteur, je me flatte que les traits obſcénes de ces Mémoires ſeront rachetés par l'avantage que les jeunes gens qui entrent dans le monde, pourront tirer des réflexions que je fais ſur le manége artificieux des Catins, & le danger évident qu'il y a de les fréquenter. Si le ſuccès répond à mes intentions; tant mieux. Sinon, je m'en lave les mains.

FIN.

www.ingramcontent.com/pod-product-compliance
Ingram Content Group UK Ltd.
Pitfield, Milton Keynes, MK11 3LW, UK
UKHW022104190726
13855UKWH00002B/635